湛庐 CHEERS

与最聪明的人共同进化

HERE COMES EVERYBODY

CHEERS
湛庐

学习力革命

宋少卫 著

浙江科学技术出版社·杭州

如何成为学习高手?

扫码加入书架
领取阅读激励

- 孩子在学习上经常犯错,除了粗心,主要是因为什么?(单选题)

  A. 不够努力

  B. 学习态度不端正

  C. 睡眠不足

  D. 大脑处理信息的方式存在不足

扫码获取全部测试题及答案,
一起了解如何才能真正提升
孩子的学习能力

- 孩子经常在同一类题目上反复出错,主要是因为什么?(单选题)

  A. 考试时太紧张

  B. 马虎导致粗心大意

  C. 对该知识点不感兴趣

  D. 没有形成解决问题的固定步骤

- 如何避免孩子因学习压力过大而产生厌学情绪?(单选题)

  A. 降低考试频率,减少竞争

  B. 增加课外辅导,减轻课堂压力

  C. 强调知识点的记忆和重复训练

  D. 让他自主选择学习内容和方式,增强内在动力

扫描左侧二维码查看本书更多测试题

前言

AI 时代的学习力革命

2023 年 4 月 21 日,我站在南昌绿地国际会展大厦的报告厅演讲台上,做了一场关于学习模式革新的学术报告。面对台下来自全国各地的近百位中小学校长,我感慨万千,向大家提出了一个"扎心"的问题:"各位校长,作为中国教育的精英人士,你们对自己学校提供的教育和课程满意吗?"一时间,全场鸦雀无声,没有一个人点头,还有不少人在微微摇头。

当前,基础教育的问题需要思考。厌学、沉迷游戏、空心病、抑郁症等话题一再成为舆论的焦点。学习,仿佛成了一个社会性难题。教师和家长们普遍感到焦虑和无助,不知道该怎么做才能让孩子愿意学习;一些孩子认为学习无效、无趣、无用,在被迫学习和渴望逃离之间苦苦挣扎。

尤其值得关注的是,青少年心理健康问题日益突出。《2022 年国民抑郁症蓝皮书》显示,在学生患抑郁症的诱因中,学业压力占比较高,仅次于人际关系和家庭关系。

基础教育已严重落后于时代发展

事实上，世界上很多其他国家也存在基础教育落后于社会进步与科技发展的问题。众所周知，当今在全球得到普及的公立学校体制，源于普鲁士王国。1717年，普鲁士王国颁布了一项实行强迫教育的法令——《普鲁士义务教育法令》。自此，受教育像服兵役一样成为普鲁士王国公民对国家应尽的义务。这一教育体制随着德意志的统一而声名鹊起，欧洲国家纷纷效仿。19世纪后半期，英美法日等世界强国陆续推行了义务教育制度。到20世纪20年代，资本主义国家已基本普及了义务教育制度。从公立学校体制的诞生到今天，已经过了三百多年，人类社会历经了四次工业革命、两次世界大战，发生了翻天覆地的变化。但是，教育模式的本质一直没有顺应时代的变化而发生改变。直至现在，绝大多数公立学校依然以知识传授、分科教学为主导。在这个信息爆炸、技术迅猛发展的时代，这样的教育模式显然与社会需求脱节。

教育发达国家或地区大多已经意识到了这个问题，纷纷探索教育改革的新路径。美国IBM公司于2011年打造了P-TECH High School，以STEM教育[①]为核心，致力于重塑高中教育模式。丹麦哥本哈根的一所职业学院采取了别具一格的教学方式：鼓励学生们在巨型教室中开展合作与交流，从而培养创新思维。芬兰作为世界教育改革的先锋，近年来一直在尝试突破传统学科割裂式教学的局限。目前，芬兰的中小学每年会组织学生开展现象式学习或项目式学习，不进行传统的分科教学，时间大约持续两个月。现象式学习让学生综合运用所学知识来分析问题，而项目式学习则让学生综合运用所学去创造新价值、实现新想法。这些教育革新各具特色，但无一例外都在强调激发学生学习的自主性，转变学科割裂式教学模式，打破标准化测试的桎梏，帮助学生发展出真正的解决问题与创新的能力。

---

① STEM教育是指重点加强学生关于科学（science）、技术（technology）、工程（engineering）、数学（mathematics）四个方面素养的教育。

数学只考了十几分的孩子

从教育研究者到政策制定者，从科技工作者到教师，心怀教育理想的人们，都在思考着教育的革新，我也是其中一员。作为一名人工智能专业出身的教育工作者，我一直致力于逆向应用人工智能（Artificial Intelligence，AI）技术与思维改造传统教育模式，我的所思所为或许可以为中国乃至世界的基础教育变革开出一个不太一样的新"脑洞"。

这段探索经历还要从我的大学时代讲起。1988 年，我考入清华大学自动化系，成为中国早期学习人工智能的一员。那时，我整天和机器打交道，学习和研究如何把机器训练得像人一样智能化。

与教育结缘始于我大二的家教经历。那个年代，做家教是不分学科的。只要学生有问题，你就得想办法解决。我的第一名学生考上了北京大学法律系，第二名学生考上了清华大学精密仪器系。这两个成功案例让我对教学萌生了兴趣，当然也为我吸引了更多的学生，很快我就成了山东家长圈熟知的金牌家教。

为什么我能在学习辅导方面无师自通？并不是因为我学习成绩好，而是计算机和人工智能的理论学习让我拥有了独特的教学视角。在我读本科的那段时期，人工智能领域的研究者们致力于探索如何通过模拟人类专家的大脑来让机器变得智能化。所以，在我看来，机器的"大脑"和孩子的大脑具有明显的相似性，两者都处在需要通过学习不断完善的过程中。这让我在教学中不自觉地参照机器学习来思考学生学习的方法。例如，对于学生的学习问题，我思考的是信息在他们的大脑里是如何输入、输出的，他们的大脑数据库存储了哪些概念、原理、公式，他们的大脑对这些知识加工处理得好不好，有没有进行有效的控制以避免出错，等等。可以说，我是将学生的大脑当作一个信息加工处理的"工厂"，而不是像当时大多数家教老师那样，主要关注所要教授的知识和考试常见的题型。

我以为大学毕业后自己会成为一名人工智能工程师，但临近毕业的一个小插曲却改变了我的职业人生。我遇到了一位数学只能考十几分的学生。家长认为孩子的学习态度严重不端，对此感到无能为力。孩子的老师也不知道该如何帮助他。然而，对我来说，越是"难搞"的学生，越是"奇葩"的学习问题，越是会让我感到兴奋。我拿出了搞科研的劲头，全身心地指导孩子。在一次偶然的练习中，我发现他在"比较关系"上存在问题。例如，"二班比一班多捐了 22 元"，他会解读为"一班多捐了 22 元，一班捐的钱比二班多"。这是不是匪夷所思？一年级的小学生都能弄清楚的问题，已上初二的他却弄不明白。是他太马虎，还是他在故意捣乱？都不是。我沉下心，比照机器学习的模式，深入思考他学习的大脑（操作系统）是如何运行的……最后发现他的问题出在逻辑运算上。于是，我帮他理顺了逻辑运算，他的数学成绩很快就达到了及格的水平。

这对我触动特别大。本科毕业后，我不太想去研究机器是怎么学习的，反而更想知道人的大脑是怎么学习的。于是，我考入中国人民大学社会心理学研究所，师从著名心理学家俞国良教授，专注于认知心理学领域的学习困难研究。

研究生期间，我一边继续做中高考学科个案辅导，一边从事专业的心理学研究。2007 年，我在担任教育部"十一五规划"重点课题"中国学校心理健康服务体系总课题组"副组长期间，参与编写了高三心理健康教材，并开展了学习心理子课题研究。本科的学习经历和硕士的研究经历在我身上发生了奇妙的反应。在解决学生的学习困难与问题时，我总会运用人工智能和心理学两种思维模式。

在研究学习心理子课题期间，我首次提出了"学习治疗"的观点。在我看来，像机器学习一样，人也有一个学习系统。学生的学习系统会随着时间从无到有逐步形成，当然，在这个过程中难免会出现"漏洞"。如同人吃五谷杂粮，身体会生病一样，学生学习各科知识、各类技能，他的学习系统也可能"生病"（出现漏洞），最终表现为成绩不佳。补课、"刷题"并不能修复学习系统的漏洞，让学生带"病"学习，这对他既不公平，也没有实际效果。我在教学实践中一次次印证，只有帮助学生修复了学习系统的漏洞，相应的学习问题才能逐一化解，学生才能真正进行高效学习。

学习系统，唤醒动力，激发潜力

就这样，我一脚踩在人工智能里，一脚踩在心理学里，不知不觉成为学习科学研究的一员。我想，既然人工智能是通过模仿专家思维来训练机器实现的，为什么不能用训练机器的思路帮助那些在学习中遇到问题的学生，让他们的大脑越来越接近专家大脑呢？于是，按照人的大脑学习系统的特点，运用人工智能的思维，解决学生的学习问题，帮助他们成为高效学习者，成为我从事学习治疗的基本理念。

人的学习系统究竟是什么样的？学习系统通常会出现哪些漏洞？我们该如何利用 AI 思维去修复漏洞、升级系统？这些问题深深吸引着我，成为我日后教学与研究的核心方向。

2015—2017 年，我有幸担任清华大学人文学院素质教育研究与发展中心执行主任。在这期间，我带领专业的教研团队，对清华大学的 106 名学生的学习系统进行了深入研究，提取出共性特征，总结出了学习系统的五大模块：识别驱动、语义解析、逻辑加工、价值决策和程序定制，并初步形成了"积极学习系统模型"。

其间，我还应邀在 TEDx 北京论坛做了主题为"人工智能思维在学习中的应用"的演讲。演讲中，我从 AI 和心理学两个视角出发，总结了学习困难孩子的三个共性问题：大脑内存有限的问题、数据结构的问题、策略学习问题，得到了国内外教育界同仁的广泛关注和认同。

2018—2023 年，我先后担任清华大学幸福科技实验室副主任和清华大学心理学系学习科学实验室执行主任，继续坚持以 AI 思维反哺大脑智能开发的教育理念，深入开展了一系列学习科学实验研究，不断完善学习系统理论。我坚信，真正的研究不应只停留在理论层面，它的价值应在于为教学带来实质性的改变。因此，我和团队在研究成果的基础上进行了一系列课程设计、教学及作业改革。其中，我将研究近二十年的教学理论与方法研发成一门课程——学习治疗课，并于 2019 年在清华大学幸福科技实验室的报告大厅里，首次面向公众授课培训。时至今日，我们已经培养的学习治疗师数以万计，遍布全国，影响了 800 多万个家庭。

与此同时，我和团队还将研究成果运用到中小学的一线教学之中。我们与全国近百所学校紧密合作，将创新的教学理念和课程模式引入课堂。我们在一些中学还建立了专门面向学生的学习科学实验室。学习科学实验室不仅为学生提供了一个实践和探索的平台，同时也成为检验我和团队研究成果的基地。

在建构学习系统模型、开展学习治疗实践的过程中，我欣慰地看到学生的巨大变化：经过专业的学习治疗，一个又一个学生从厌学变为爱学，从学困生变为学习正常的学生。这让我更加坚信学习系统理论的正确性，也更加坚信我的教育主张——在科技迅猛发展的今天，要用推动人类社会进步的人工智能思维和科学实践方法来推进教育发展，让 AI 时代的学生具备"AI 学习脑"！

AI 时代的学习是精准、高效、快乐

随着 AI 的迅猛发展，一个崭新的时代正在拉开帷幕。那么，在教育领域，AI 将会为人类带来什么？

在 2023 年 9 月举行的"聚焦教育新生态暨学习科学教育峰会"上，我提

出了这样一个观点：人类的学习正在进入全新的"轴心时代"。我们不能只让学生掌握各学科的知识，更要培养他们像 AI 一样精准、高效、快乐地处理数据。精准，不能出错；高效，快速及时；快乐，不受情绪影响。

对于家长和教育者而言，这意味着教育模式要从以"传统的知识传递为主导"，向"知识体系建立、程序思维培养、学习系统升级"三位一体转变。怎么理解呢？我们不妨想一想曾经在知识传递模式下培养的大批"好学生"是什么样的吧，可以用"小镇做题家"来描述这类学生。"小镇做题家"的学习成功秘籍主要是勤奋，能记忆大量的知识点，会总结解题模板，并通过不断"刷题"磨炼出超强的解题熟练度。不得不承认，"小镇做题家"曾是时代教育的受益者，也为中国社会的发展贡献了重要力量。

然而，以 AI 为代表的科技进步改变了国家和社会对人才的需求。党的二十大报告指出："全面提高人才自主培养质量，着力造就拔尖创新人才。"其中，拔尖创新人才培养的战略地位愈加凸显。近几年，新高考、新中考改革呈现出了一大显著特点：注重考查学生对信息理解和现实问题解决的能力。这体现在两个方面：一方面是考题中融入了真实场景和现实问题，变得更加灵活、务实；另一方面是出现了新定义题型，要求考生快速学习新知识，并用以解决新问题。此外，2023 年 9 月，北京市教委发布了新的中考政策，宣布"小四门"（历史、地理、化学、生物学）由考试变为考查，这实际上是进一步削弱了对学生知识记忆的考核。以上举措无不传递出我国在人才需求上的变化，具有良好信息解读与分析能力、问题解决能力及创新能力的人才更加符合未来社会的需要。显然，这类人才是无法通过知识灌输和大量"刷题"培养起来的。

新时代的人才该如何培养？曾经，AI 通过模仿人类发展其智能；现在，AI 已经在某些方面超越人类。此时，我们应当考虑向 AI 学习以提升自身。建立知识体系、培养程序思维、升级学习系统，就是以 AI 思维为核心的一种教育模式。它将引领我们运用学习系统理论与方法来诊断、解决学生学习的系统问题，帮助他们逐步构建一个类似 AI 的学习脑，从而避免成为"小镇做题家"。

那么，这样的教学模式该如何开展？它有哪些具体的方法和技术？这就是本书将要阐述的核心内容。我希望能给教育工作者、家长以及学生打开一扇全新的学习之门，为基础教育的改革贡献力量。

如何阅读本书

在引言部分，你将看到我如何结合 AI 思维，通过研究马虎现象、调研清华大学的学生，揭示大脑的学习机制——学习系统；你还将初步了解构成学习系统的五大模块。

接下来，我会用 5 章逐一介绍学习系统五大模块的主要内容、常见问题，以及修复和升级系统漏洞的策略和方法。

第 1 章介绍了学习过程中两个非常重要的环节：收集识别（输入）和驱动执行（输出）。为了提高输入和输出的精准性，我们需要关注并发展学生的感官系统、精细动作以及注意力。此外，我还分享了两个来自清华大学学生的学习策略：校验技术和预警程序。这能有效帮助学生避免在学习过程中出现低级错误。

第 2 章介绍了学习系统中语义解析板块的两大主要内容：理解和记忆。在这里，你不仅能了解造成学生知识理解错误的原因以及实现充分理解的 6 个策略，还将学习 AI 时代人人都需要掌握的知识库建立策略和高效记忆方法。

第 3 章是关于学习系统逻辑加工的。逻辑加工是制约中学生学业表现的一项关键能力。为什么说学生容易犯逻辑错误？学习中的哪些错误是由于孩子的逻辑力不够造成的？如何在学习中提高学生的逻辑力，并为考试解题赋能？你将在这一章找到答案。

第 4 章介绍了位于学习系统模型中央的价值决策板块。价值决策包括情绪关、意义关、方法关。你将在这一章看到它们如何影响学生的学习，我们又该如何帮助学生渡过这三关。为了帮助你学以致用，书中详细介绍了两个调整价值决策的咨询案例。

在第 5 章，你将认识到人类所拥有的一种卓越的天性——程序。通过定制良好的程序，我们可以为生活、学习提速。在这一章，你将学到具体的操作方法。此外，我还将借助 3 个真实的咨询案例，向你展示程序定制在解决心理问题上的优越性。

以上就是本书的主要内容。人类的学习与教育无疑是复杂而深奥的。本书仅为一家之言，如有不当之处，欢迎大家批评指正。

特别声明：经与本书相关案例主人公和监护人的充分沟通，出于对个案隐私的保护，本书隐去了其相关身份及特征信息。书中个案所涉及的姓名或昵称，均为化名。如有重名，纯属巧合。

目录

前　言　AI 时代的学习力革命

引　言　学习系统，打开大脑学习的"黑箱" / 001

　　　　原来马虎还分类型 / 005
　　　　为什么清华大学的学生很少马虎 / 009
　　　　学习系统就是大脑的算法 / 010
　　　　理想的学习系统是什么样的 / 012
　　　　"学渣"变"学霸"的"五大装备" / 015

第 1 章　识别驱动：
　　　　审题计算不出错，考试零失误 / 027

　　　　视觉与学习成绩的隐秘关系 / 030
　　　　被精细动作能力不足耽误的孩子 / 033
　　　　隐蔽的注意力问题，拖累孩子的学习 / 037
　　　　"学霸"避免出错的神招 1：校验 / 043
　　　　"学霸"避免出错的神招 2：预警 / 046

第 2 章　语义解析：
　　　　构建完整知识图谱，理解准确 / 051

　　　　3 个原因，导致理解出错 / 054
　　　　6 个策略，秒懂知识点 / 057
　　　　建立知识库，学会深度理解 / 064
　　　　记忆训练，把知识记得更牢 / 074

第 3 章　逻辑加工：
要攻克难题，先提升逻辑力　/ 091

这个思维陷阱常让孩子的逻辑"掉线"　/ 096
这些错误都是因为逻辑加工存在漏洞　/ 100
解题没思路是因为不会搭建逻辑通道　/ 116
3 个技巧，搭建顺畅的逻辑通道　/ 126

第 4 章　价值决策：
厌学还是乐学？算法说了算　/ 135

人的价值决策是如何形成的　/ 139
价值决策是如何影响学习的　/ 141
渡过情绪关：像 AI 一样接纳错误　/ 143
闯过意义关：用 AI 参数法激发学习的动力　/ 153
超越方法关：跟 AI 学习找到解决问题的路径　/ 160

第 5 章　程序定制：
学习要高效，你需要更多的解题程序　/ 177

唤醒你的程序天性　/ 180
升级程序，为生活提速　/ 183
程序定制，"学霸"的提效神器　/ 192
巧用程序思维破解心理问题　/ 212

后 记　/ 231

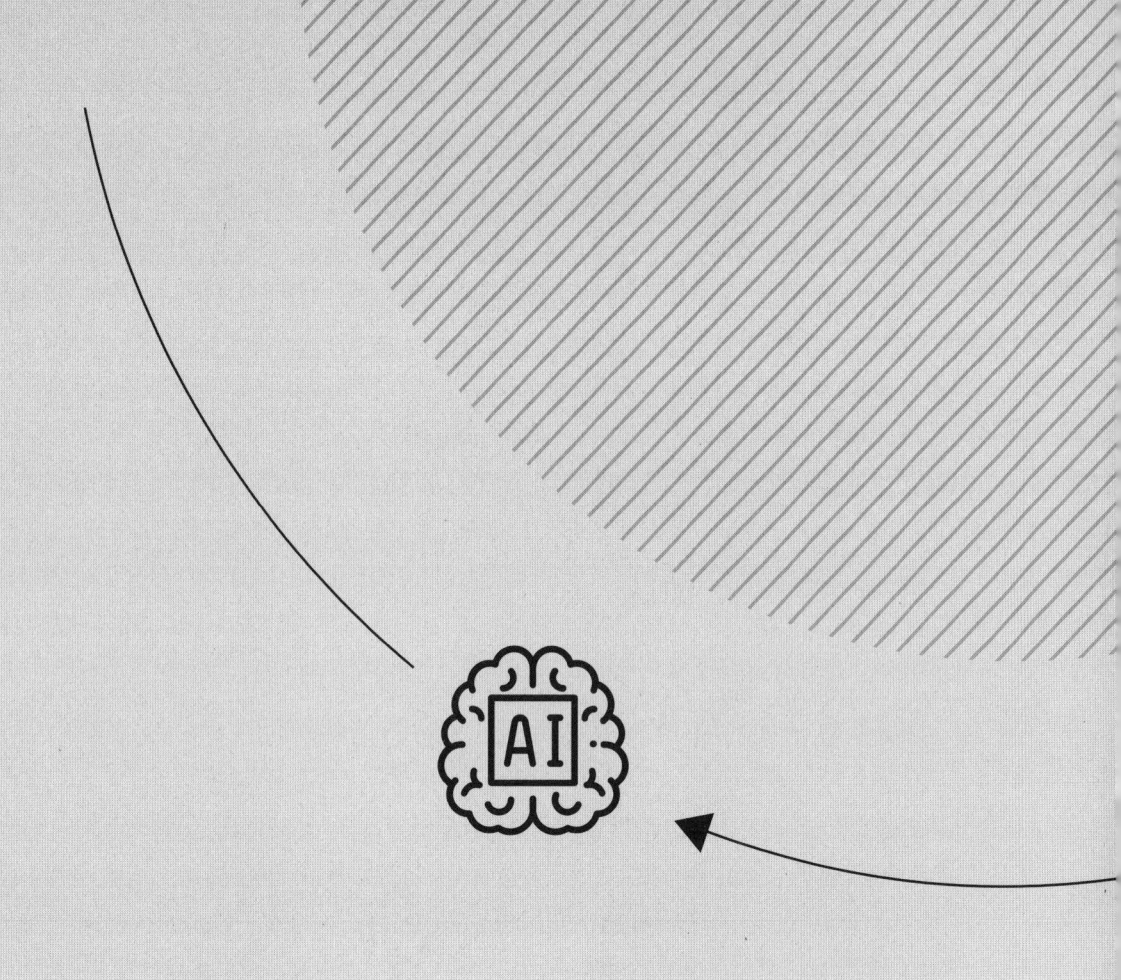

引 言

学习系统，
打开大脑学习的"黑箱"

Reshape Your
Learning System
学习的迷雾

从司空见惯的马虎说起

　　马虎好像是一个万能筐，说不清原因的错误都可以往里装。看漏了是马虎，看错了是马虎，写错了、算错了还是马虎……有不少孩子明明知道自己容易马虎，却屡犯不改。是他们真的不想改吗？

人们对学习常常抱有一些似是而非的观念，例如以下观念：

- 学习就是记忆知识，想成绩好肯定要花大量时间来背诵知识，因此找到一个能提高记忆力的方法非常重要。
- 勤奋是学习的不二法门，不埋头苦学哪有好成绩？
- 学习高手都是天生智力超群的人，学习不好往往是因为缺乏天赋。
- 只要方法好，谁都能成为学习高手。因此，平时要搜罗各种"学习绝招"。
- ……

如果你也有类似的想法，在阅读本书之前，请做好心理准备，因为你所抱有的固有观念或许将受到挑战，甚至被颠覆。我将用一种全新的视角——AI思维来重新审视学习，为你揭示不一样的学习真相。

下面，我通过一个例子进行简要的说明。

曾经有个被家长"骗"到我这里做学习治疗的孩子让我印象深刻。孩子上了一天的课，睡眼惺忪，非常疲惫，有一搭没一搭地回应着我。我看到他对咨询没有兴趣，只想赶紧回家补觉，便翻开他的数学试卷，希望能找到一个引起他兴趣的话题。我扫了一眼数学试卷，发现有两道题目明显是因为马虎而错的。

我微笑着提议："我看你也有点累了，我们今天就只解决一个小问题吧。"

"什么问题？"

"马虎。你平时容易马虎吗？你觉得马虎是怎么造成的呢？有几种类型？"

"马虎就是没认真呗。它有几种类型？看错题的马虎，做错题的马虎？要分类的话，不就是这两类么。"他心不在焉地说。

"马虎其实可以分为好几类，有些是你在输入或输出信息时犯错了，有些是你在逻辑加工时出错了。这就和在游戏里打怪兽一样，对付不同的怪兽要用不同的武器，解决不同类型的马虎也要用不同的方法。"说到这里，我发现他的眼睛亮了起来。

如果你曾经编写过程序，你大概对 bug 这个词并不陌生。在编程语境中，bug 指阻碍软件正常运行的错误或缺陷。不过，在开发者开发软件的过程中，bug 还是一位不可或缺的"助手"。因为只有解决一个接一个的 bug，开发者才能掌握软件开发的真谛。

类似地，每个人的学习过程宛如一个由先天基因和后天教育共同编写的复杂程序。深入分析这个复杂程序运行中出现的 bug，同样有助于我们解密人类的学习密码。我正是通过研究学生学习时一个极为常见的 bug——马虎，逐步揭开了学习系统的神秘面纱。要知道，我们常常说的马虎，看似简单，其实是个复杂的问题。

原来马虎还分类型

马虎好像是一个万能筐，说不清原因的错误都可以往里装。看漏了是马虎，看错了是马虎，写错了、算错了还是马虎……

然而，这并不能解决问题。有不少孩子明明知道自己容易马虎，却屡犯不改。是他们真的不想改吗？这还真不怪孩子，实在是从来没有人告诉他们马虎是怎么回事，该用什么方法避免。

马虎到底是怎么回事？在探究人类学习奥秘的过程中，我发现并归纳总结了以下四种马虎的类型。

信息识别与信息输出偏差型马虎

我们经常发现，有些孩子在识别信息或输出信息时，由于对信息的把握不够精准或不够标准，常出现一些低级错误。这种错误通常表现为漏看或错看题目信息、基础计算失误、书写不规范等问题。例如，把"+"误看成"-"，把"f"写得像"t"，将"平均每组"误解为"平均每人"等。这种类型的马虎就是信息识别与信息输出偏差型马虎。

常犯这类马虎的孩子，往往学习注意力不集中，做事毛毛躁躁、丢三落四。人们常常认为，孩子之所以犯这类马虎是由于学习态度不认真或不端正，但实际情况可能更加复杂。它不仅与孩子的注意力发展水平有关，还可能与感觉统合或精细动作能力相关。

例如，小雅在做数学练习题时出现了错误。当她解答第二题"8 ÷ 2.5"时，误把题号"2."当成了被除数的一部分，计算了"2.8 ÷ 2.5"。这明显是小雅在

信息识别环节出现了问题,当时的题目为:

1. 2.5÷0.5=　　　2. 8÷2.5=
3. 1.6÷0.4=　　　4. 12.4÷0.3=

再如文强,他在书写时经常丢字符。他本想在作文里使用"好像"一词写比喻句"好像一幅美丽的画卷",结果却写成了"好一幅美丽的画卷";在进行拖式计算时,他可能会把"3π"这样的数抄成"3",丢了"π"。显然,文强在信息输出时出现了马虎的问题。

逻辑加工偏差型马虎

孩子在解题时,也可能对信息进行了错误的逻辑推理。表面上看,出现这类错误只是因为孩子在审题时不仔细或心不在焉,而更深层的原因在于孩子无法准确地理解相关的概念或表述,所以无法正确地做出判断和推理。从根本上说,这是因为孩子的逻辑加工能力不足,我们需要从概念、判断、推理三种基本思维形式入手帮助孩子修复漏洞、提升能力。这类马虎通常比第一类更为隐蔽。例如,小丽做了这样一道数学题:

两个连续奇数的积是323,求这两个数。

解:设较小的奇数是 x,则较大的奇数是 $x+2$。

$x(x+2) = 323$

$x^2 + 2x + 1 = 324$

$(x+1)^2 = 324$

$x = 17$

$x + 2 = 19$

答:较小的奇数是17,较大的奇数是19。

小丽的解答对吗？她只答对了一半。该题的正确答案应该是"17，19"或"-19，-17"。在求解 $(x+1)^2=324$ 时，应该计算324的平方根，而不是算术平方根，即 $x+1=\pm18$。

小丽所犯的错误在初中学生中非常常见。很多学生，甚至有不少老师认为这只是一个简单的马虎问题——忽略了正负两种情况。其实，问题的根源是学生对算术平方根和平方根的概念掌握不到位，未能正确判断出存在正负两种情况，这是逻辑加工上的漏洞。

价值观偏差型马虎

我曾遇到过这样一个孩子：他自称是"马虎鬼"，父母对他的马虎问题束手无策。你若问他单位g为什么写成了kg，他会轻描淡写地说是"手滑了"；问他为什么没有按照题目要求思考，他会说"疏忽了"；问他英语句子的主语和动词为什么没有保持一致，他会说"没注意"。总之，我每次和他分析马虎问题时，他都认错态度良好，但总是不改正。

这个孩子认为，与其承认自己努力不够、能力不足，倒不如承认自己是因为马虎导致各种问题，这反而让自己感到轻松。对于这类把马虎当作"挡箭牌"的孩子，我们需要引导他们正视马虎问题，透过马虎找到学习上的漏洞。

知识漏洞与程序缺失型马虎

孩子若在某个特定的知识点或知识板块上反复出现失误，其大概率是犯了第四类马虎：知识漏洞与程序缺失型马虎。任何学习活动都以对知识的理解和记忆为基础。如果存在知识漏洞，孩子在解题时自然容易出错。如果在出错后，孩子既没有认识到原因所在，也没有形成一套应对错误的解题程序，那么错误就会重复出现。例如，孩子一做数列题就容易犯错，或一遇到英语时态语法题就做不对，这就是知识漏洞与程序缺失型马虎。下面我们看一下小宁在计算多位数乘法时遇到的问题。

小宁在计算多位数乘法时总爱出错。例如，求"43×35"，他计算得 1495（正确答案是 1505）；求 236×212，他计算得 5428（正确答案是 50032）。为什么会算错？我查看了他的草稿纸，发现他存在进错位、数位未对齐等问题（见图 0-1）。原来，在学习多位数乘法那段时间，小宁因为生病经常缺课，后来也没有认真补上这一课。这导致他对多位数乘法的规则掌握很不扎实。升入初中后，只要遇到涉及此类计算的题目，小宁就常常出错。这看似是马虎，但实际上是知识漏洞所致。如果不及时补上相关知识并通过练习加以巩固，小宁即便再怎么认真，也难以避免类似的计算错误。

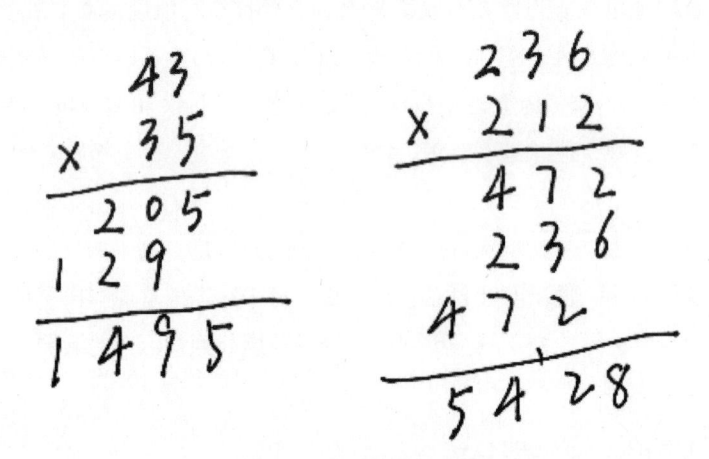

图 0-1　小宁的竖式计算

再来看另一个孩子在数学上遇到的问题。齐军已经上初中了，在学习有理数四则运算时遇到了困难。他自认为完全掌握了运算规则，但是计算错误率还是非常高。我仔细查看了他的计算步骤，发现问题出在幂运算的正负号——他常常不分指数的奇偶，总是得出负数。他的老师认为这是马虎所致，提醒他注意正负号。

我认为问题的根源在于齐军对幂运算理解不到位,他并不清楚判断正负号的原理。

为了解决这一问题,我带着他重新学习了幂运算的有关知识。之后,他对正负号的判断就不再模糊了。不过,当遇到复杂的运算题目时,齐军对各项数字的处理仍有些力不从心,依然容易混淆幂运算的正负号。对此,我专门给他设计了一个解题小程序:遇到有理数四则混合运算题,先不做计算,只专注于处理正负号,然后再计算。例如,用解题小程序解下面这道题:

$$-2^2+3\times(-2)-(-4)^3\div(-16)-(-1)^{2020}$$

第一步,不做计算,只处理正负号,得:

$$-2^2-3\times 2-4^3\div 16-(1)^{2020}$$

经过弥补知识漏洞,采用有效的解题小程序,齐军的马虎问题迅速得到了解决。

读到这里,你一定对马虎有了全新的认识和理解。马虎并不是学习问题的核心,它只是问题的表象,其背后隐藏着深层的问题,如信息识别的漏洞、价值观的偏差。这些深层的问题才是真正阻碍孩子进步的障碍。如果它们得不到解决,孩子不仅会经常犯马虎,其学业水平也难有质的飞跃。

为什么清华大学的学生很少马虎

清华大学的学生很少出现马虎问题。为什么?在我跟随俞国良教授读研究生的时候,这个问题就深深吸引了我。我翻阅了大量的文献和著作,发现国内外鲜有人专门研究马虎问题。当时,我猜想马虎背后一定隐藏着尚未揭示的谜题。于是,我开始留心收集学生们的各种马虎问题,前前后后积累了上百个案例。

通过研究这些案例，我发现学生的马虎问题呈现出显著的系统性特点。例如，一个学生若在数学上频繁出现信息收集方面的马虎，那么，在语文、英语、物理等学科上，也容易犯类似的错误。我认为，学生的马虎问题并不简单得像人们通常认为的主要与孩子对学科知识的掌握程度有关，相反，这些问题更像是早期 AI 系统中的 bug，主要是算法（底层系统）不够先进导致的。

那么，人类学习的底层系统是什么样的？它与马虎之间有什么关系呢？在研究这些问题时，R. M. 加涅（Robert Mills Gagne）的信息加工学中的学习模型、计算机的操作系统理论给了我重要启发。加涅的学习模型提出人的学习机制可以按照信息加工过程来构建模型，计算机的操作系统则给我们提供了一个可类比参考的样例。有了理论指导，再结合大量的教学经验，我初步构想出一个涉及信息识别与输出、语义理解与记忆、逻辑推理、情绪与价值观管理，以及程序定制 5 个功能模块的学习系统框架。

2016 年，我开始担任清华大学人文学院素质教育研究与发展中心执行主任。为了进一步解开马虎与学习系统的谜题，我组织开展了一项重要的学习机制调研——清华大学学生学习系统特征研究。我带领清华大学素质教育研究与发展团队，设计了一系列的调查问卷和访谈提纲，其内容涵盖学生平时的做作业习惯与流程、审题习惯与流程、解题习惯与流程、简单题与难题处理策略等多个方面。经过精心筹备，我们招募了 120 多位清华大学的在校学生参与调研，共收集 106 份有效问卷，并对其中的 50 多名学生做了深度的口头访谈，从而收集了大量的一手数据。经过对数据的深入研究，我们发现，清华大学的学生正是因为学习系统漏洞少、效率高，才较少出现马虎问题。

学习系统就是大脑的算法

著名的人工智能倡导者马文·明斯基（Marvin Minsky）说过一句流传甚广

的话："大脑无非是肉做的机器。"这句话在过去的半个多世纪里不断地被验证。AI 研究者一直致力于用机器模拟人的思维过程，目的是赋予机器智能。在这个富有挑战的探索过程中，AI 研究者对人的大脑的运行机制有了更深层次的理解，让机器变得越来越"聪明"。正如明斯基所指出的，大脑与机器之间的界限正变得愈发模糊。基于这样的背景，我一直热衷于将机器学习的技术与思维逆向应用于解决学生的学习问题。在求索的过程中，我同样也深深感到大脑与机器极为相似，特别是在学习这一情境下，参照机器学习能帮助人们更加透彻地理解人的学习机制。

对比生成式人工智能（Artificial Intelligence Generated Content，AIGC）的发展历程与人类孩子的成长过程，你会发现两者有着异曲同工之妙。我们都知道数据、算力和算法是 AIGC 全面升级的三大关键要素。数据就是 AIGC 的"食粮"，涵盖各种信息和知识；算力是 AIGC 的"能量之源"，直接决定了其处理数据的速度和效率；算法最为核心，它犹如"灵魂导师"，决定了 AIGC 通过数据学习能具备怎样的能力、达到怎样的水平。

孩子就像一个个小小的 AIGC，他们渴望着"数据"——那些能够滋养他们心灵的信息和知识。家长传递的经验、老师教授的知识，还有孩子自己在探索中获得的点滴体会，都是珍贵的"数据"来源。

为了捕捉这些宝贵的"数据"，孩子需要发达的感官（感官是他们与外部世界连接的桥梁）——一双明亮的眼睛去观察世界，一对敏锐的耳朵去聆听声音。同时，他们也需要健康的大脑来加工上述"数据"。感官和大脑如同 AIGC 的"算力"，能帮助孩子高效地收集和处理信息。

但光有"数据"和"算力"还不够，孩子还需要一套精湛的"算法"来整合和应用所学。这套"算法"就是学习系统，它帮助孩子吸收、处理信息，并逐步培养孩子独立思考、解决问题的能力。

对 AIGC 而言，算法决定其优劣；在孩子的学习过程中起决定性作用的则是学习系统。

刚出生的婴儿能力非常有限，只会用嘴巴吮吸，不能讲话，只能利用双手和躯体做简单的动作。然而，随着时间的推移，在与抚养者和外部环境的互动中，婴儿开始逐渐"唤醒"自己的身体：首先是嘴巴，接着是双手。这个小小的生命开始发出简单的音节，双手的动作也变得精细、有意义。在这一发展过程中，婴儿的大脑不断地调整着对嘴巴和双手的"算法"。同样，控制其他感官（如眼睛、耳朵）的"算法"也是这样形成的。当然，"算法"不仅限于感官，还会涉及感知觉、记忆、思维等更深层的认知活动。随着各个局部"算法"的逐渐形成，整个学习系统也随之发展。

在这个过程中，优质的"算法"会让学生在学业上表现出色。例如，若控制眼睛和耳朵的"算法"精良，孩子就不容易看错、听错，收集的信息会比较准确；若控制理解和记忆的"算法"高明，孩子就会学得快、记得牢，知识储备胜人一筹。事实上，学习高手们之所以能够取得引人注目的学业成绩，正是由于他们在成长中不知不觉发展出了多个优秀的"算法"，即搭建了优秀的学习系统。相反，若孩子的学习系统发展得不够完善，存在缺陷或瑕疵，那么孩子在学习过程中可能遭遇各种挑战，正如早期的自然语言处理模型在处理复杂数据时所面临的困境一样。

也正是在这一理念的指引下，我提出了人类的学习系统模型。我的这一设想在对清华大学学生的调研中得到了证实。

理想的学习系统是什么样的

在调研中，我发现了许多有趣的现象，如虽然清华大学的学生思维敏捷、知识丰富，但是他们从来不吝惜笔头功夫，即便是解答一道难度中档的题目，他们大多都会一步步规范作答，草稿纸上的字迹清晰工整。又如，当遇到难题时，清华大学的学生不会只静静地坐在那里"干想"，而是会在草稿纸上列出已知条件（哪怕有时只是誊抄题目信息）。调研结束后，我还与6名清华大学的本科生深度合作，共同录制了《登顶者说》，这是一部关于学习经验分享及清华大学的学生父母教育方式的视频节目，为学生学习与家庭教育研究留下了宝贵的资料。

2020年，我有幸成为清华大学心理学系学习科学实验室执行主任。为了深入探究学习机制，进一步完善学习系统模型，我们采用了最新的科研设备，对清华大学学生的学习过程进行了更加细致的研究。

例如，我们进行了一项引人入胜的实验：利用眼动仪与笔迹追踪设备，对十几位清华大学的大一新生开展了高考应试模拟研究。你可以想象这样一个场景：这些学生佩戴着眼镜式眼动仪，端坐在模拟高考的考场中，手中握着能记录笔迹的笔迹追踪设备，聚精会神地攻克着历年高考真题（见图0-2）。

他们佩戴的眼动仪就像一个个精巧的思维侦探，通过捕捉角膜和瞳孔反射的远红外线，实时追踪并记录视线的每一个微小移动。精确描绘的视线焦点和移动轨迹，在某种程度上映射了参与高考应试模拟研究者的思维过程。与此同时，笔迹追踪设备也在默默地工作，毫无遗漏地记录了他们书写的每一个细节。

经过对眼动及笔迹数据的深入分析，我们发现了一个有趣的现象：清华大学的学生对关键信息的敏感度极高，能有效屏蔽干扰信息。举例来说，在数学、物理、化学三科的考试中，他们会特别关注数量、单位、关系、状态和符号等核心信息。在书写答案的过程中，他们也展现出了相似的行为模式。例如，他们会频繁地回顾题目或自己已写的内容，这种"回视"的习惯显然有助于他们减少错误，提升答题的准确率。

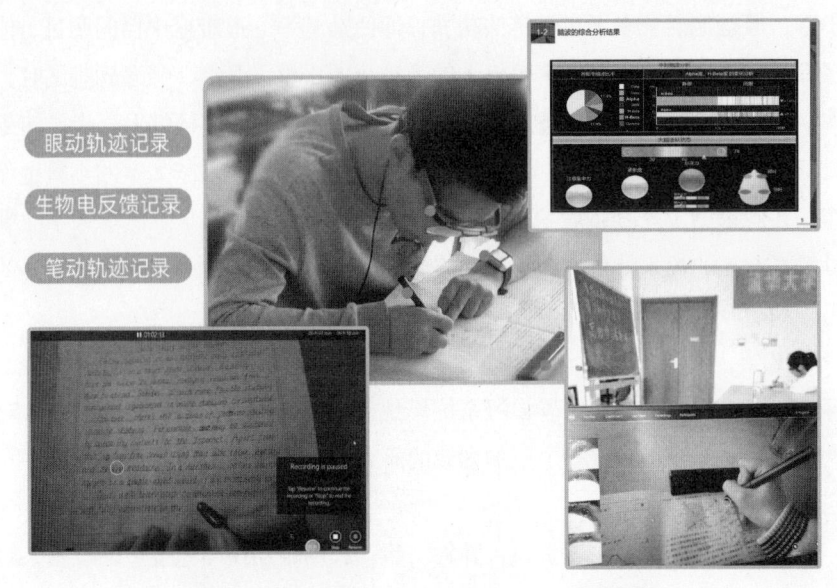

图 0-2 清华大学的学生参与高考应试模拟研究

此外，令人印象深刻的一点是，参与此项研究的清华大学的学生无论是在草稿纸上演算，还是在试卷上作答，基本能做到书写规范、较少跳步；在回答大题时，他们经常使用不同级别的编号，如一、1、（1），以此条理清晰地展现解题思路或进行观点论证。这一系列的发现反映了高效学习者们在信息输入与输出方面的过人之处。

之后，我们还开展了日常学习研究：让清华大学的学生佩戴可以收集脑电和心电数据的头戴设备，完成课堂作业。研究结果表明，在完成课堂作业时，他们普遍保持较高的注意力集中度、适中的紧张和压力。这意味着，无论是处理简单学习任务还是完成复杂学习任务，他们都能较好地控制自己的认知，主动调节消极情绪，以积极的心态投入其中。

就这样，经过五年多的反复实验和调研，我们发现清华大学的学生的学习系统具有以下特点：

- 信息输入与输出。他们对所收集信息的识别度高，能进行自动化校验；输出信息时，做到书写规范、作图精准，能用不同级别的编号条理清晰地呈现解题步骤或进行观点论证。在平时的作业和考试中，他们很少犯马虎类的低级错误。
- 信息的理解与记忆。他们为所学的学科建立了非常完整的知识体系。大脑在收集到新信息后，能快速从长时记忆中提取相关数据，并将两者进行关联，表现出很强的理解能力和记忆能力。
- 信息的逻辑加工。他们普遍做到了概念清晰、判断准确、推理严谨。面对难题、新题，他们知道如何在已知和未知之间建立逻辑通道，通过不断尝试找到解题路径。
- 学习相关的流程步骤。他们善于总结归纳，能在同类型知识、技能的学习以及问题的解决上形成标准化程序。他们的大脑拥有很多具有专属功能的应用软件，因此学得快，解题也快。
- 情绪、态度和意志。他们普遍善于管理情绪，积极乐观、抗挫力强，具有较强的自我管理和自我激励能力。

"学渣"变"学霸"的"五大装备"

作为高效学习者的代表——清华大学的学生，他们的学习系统在某种程度上可以被视为一种理想形态学习系统。基于清华大学学生学习系统的共性特征，我们模拟出了人的学习系统模型——一个由识别驱动、语义解析、逻辑加工、价值决策和程序定制五大功能模块组成的复杂系统。它是每个人在与他人和外界环境的互动中自发形成的一套关于学习的操作系统，是学习知识、技能和形成个人价值观的底层支撑载体。

如图 0-3 所示，学习系统总体上分为内圈、外圈两大部分。其中，内圈包含识别驱动、语义解析、逻辑加工、价值决策四个模块。识别驱动、语义解析、逻辑加工分别代表学习活动中完成信息加工的不同阶段。这三个模块如同一系列精妙的传动装置，依次启动，确保信息在大脑中得到正确而高效的处理。位于内圈正中央的价值决策模块作为整个系统的核心算法，如同引擎一样，会对其他模块的运行效果产生直接影响。学习系统的外圈是程序定制模块，它是对内圈执行过程的进一步提炼和程序化总结，可以为整个学习过程加速。识别驱动、语义解析、逻辑加工、价值决策和程序定制这五大模块有机统合，构成了完整的学习系统，揭示了人们学习过程的全貌。

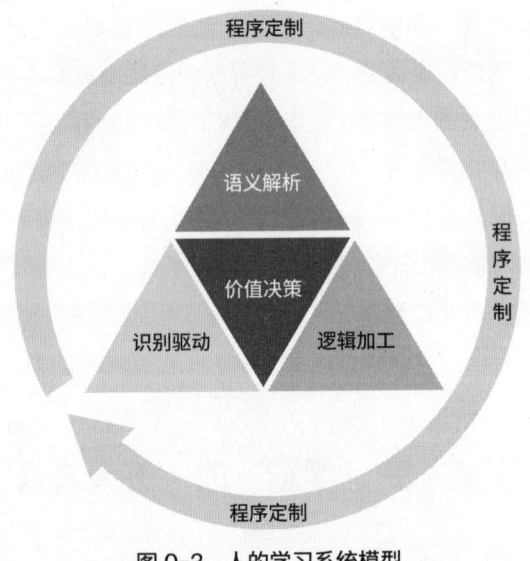

图 0-3 人的学习系统模型

类似 AI，人的学习系统也由"硬件"和"软件"组成。其中"硬件"是人的大脑及各种感觉器官，"软件"是在大脑的各种认知功能之上建立起来的五大模块。

为了让大家更深入地了解学习系统，下面我将以 AI 为参照，逐一介绍五大模块。

模块一：识别驱动，让信息精准不出错。 人的学习过程就是对信息的加工处理过程，这与 AI 的运行模式极为相似。在面对新知识或新问题时，人先收集与识别信息，通过丰富的感觉通道，如耳朵聆听、眼睛观察、皮肤接触、鼻子嗅闻和舌头品味来完成。这就像 AI 从键盘、鼠标、摄像头等输入设备中接收数据一样。

AI 接收数据后会进行复杂的计算，最终通过屏幕、麦克风、机械手等设备输出信息（驱动执行）。类似地，信息进入人的大脑后也会被加工和整合，然后通过口舌、四肢等器官完成驱动执行（输出信息）。

信息的收集识别和驱动执行调用了人体的硬件（人体器官）和软件（认知模块），构成了人类加工信息的一始一终。因此，学习系统的第一个模块便是识别驱动。简单来说，识别驱动就是将感官系统作为不断接收、编码和存储外界信息的门户，根据需要快速提取相关信息，并驱动身体做出相应的反应。

作为学习系统的基石，识别驱动的准确性对于学习成效至关重要。想象一下，如果在数学计算中，我们错误地将"6"认作"9"，即便后续的计算过程再完美，结果也必然是错误的。同样地，如果在需要写"6"的时候，我们却写成了"0"，那么即便前面的分析、推理再精确，也无法做对这一题目。因此，识别驱动不仅是人们学习的起点，也是人们走向学业成功的重要保障。

模块二：语义解析，实现秒懂强记。 当大量的信息涌入大脑后，为了实现特定的学习目的，大脑得从这些信息中挑选出有价值的部分，再对其进行深入的理解和分析，这就是语义解析。AI 的语义解析是把各种数据转化成机器能理解的语言，大脑则是对各种知识符号进行语义上的解读。这些知识符号，既包括人

017

们平时说的话（如"祝你好运"）或者有文化特色的习语（如"说曹操曹操到"），也包括抽象的数学公式［如 sec（π+α）=-secα］、物理概念（如"做功"）等。在接触到新的知识符号后，大脑试图把这些知识符号转化成自己能理解的内容，大脑便会去翻找长时记忆里存储的内容，如以前学过的原理、公式等，用这些已有的知识符号来解读和理解新的知识符号。

不过，这个过程并不能次次都顺利进行。语义解析有时也会出点儿岔子，主要表现在两个方面：一是因为某些原因，大脑没能从长时记忆里找到相关的知识来匹配，导致解读变得困难重重，如《离骚》总是让学生们看得头大，小学数学牛吃草问题常常难倒成年人；二是在面对新知识或新信息时，大脑的记忆存储可能遇到问题，如学生们背不全《蜀道难》，或者在学习物理力学时常常混淆概念、公式。

模块三：逻辑加工，做到解题有思路。经过语义解析的"洗礼"，大脑进入下一个关键环节——逻辑加工。这一环节是在已知与未知间架起的逻辑桥梁，以此求解未知、攻克难题。

对于 AI 而言，逻辑加工的基础构成相对简单，主要涉及"与""或""非"三种基本逻辑运算。无论 AI 的能力有多么强大，其工作模式都是将错综复杂的任务层层分解、简化，直到可以通过简单的逻辑运算来处理为止。这是 AI 进行逻辑加工的核心。

人类的大脑解决问题的方式与此有着异曲同工之妙。当面对复杂问题时，大脑也会选择先将其分解为简单的子问题，然后逐一解决，通过逻辑推理得出最终答案。

在学习系统中，我们将逻辑加工描述为"在认识事物时，借助概念、判断、推理等基本思维方式，对信息进行收集、分析、综合、比较、抽象概括和具体化的过程"。其中，概念是揭示事物本质的思维形式，包含内涵和外延两个基本要素；判断是对事物进行肯定或否定的思维形式，主要处理不同概念之间的关系；推理则是基于一个或多个已知判断，推导出新判断的思维过程。在这个过程中，概念构成判断的基础，判断又构成推理的基石。学习者在概念、判断和推理任一层面上的疏漏，都可能导致逻辑加工的错误。

模块四：价值决策，激发自主学习。在学习系统中，识别驱动、语义解析和逻辑加工三个模块与 AI 中的某些程序和功能较为相似，因此，我们称这些模块为大脑学习的机器部分。但与 AI 不同，大脑的行为决策还会受到诸如情绪、动机、价值观和意义标准等心理因素的深刻影响。这一复杂而关键的部分，我将其定义为价值决策。

举个生活中的简单例子来说明价值决策。假设你需要前往机场搭乘飞机，有多种到达机场的方式，如乘地铁、乘出租车、家人驾车送行，你会怎么选择呢？你的选择肯定不是随便做出的，主要取决于个人的价值偏好。你若信奉时间效率至上，乘地铁无疑是首选；你若追求便捷省力，乘出租车会是更好的选择；你若看中舒适与便利并存，家人驾车送行便是你的理想之选。

面对同一任务，不同的价值标准将引导我们做出截然不同的选择。价值决策的核心是根据个人的价值尺度，对资源和任务进行合理分配，从而确定事情的优先级和执行次序。

在学习过程中，价值决策同样发挥着举足轻重的作用。例如，一个孩子面临完成数学习题和英语作文两项作业任务，在决定先着手进行哪一项时，价值决策便悄然发挥着作用。假设这个孩子在数学上表现出色，英语上表现一般。那么，他或许能轻而易举地完成数学作业，获得迅速完成作业带来的成就感；相对而言，他完成英语作文可能更具挑战性，耗时较长且获得的成就感较低。在选择任务时，若他渴望挑战自我、实现突破，他会选择优先完成英语作文；反之，若追求即时的自我满足,他会先选择做数学习题,这更具吸引力。

这只是一个简单的学习例子。实际上,在学习过程中,孩子的决策往往受到多重价值标准的综合影响。每个孩子的价值标准并非总是清晰可见,它需要孩子不断地进行自我反思和总结,才能逐渐明晰。

在我看来,价值决策如同人生的核心算法,它指导着我们如何合理安排时间、分配任务和利用资源。通过价值决策,我们能够实现高效的自我管理和激励。

模块五:程序定制,为学习系统自动提效。在大脑这个"舞台"上,识别驱动、语义解析、逻辑加工和价值决策构成了学习的交响乐团,在协调与和谐中奏出知识的乐章。这些模块协调工作虽能让学生准确地学会一个新知识或者解对一道题目,但不一定高效。

真正让学习效率飞跃的是学习程序。它们类似于计算机中的软件或智能手机中的应用软件,在大脑深处预先设定一系列的指令和步骤,指导着孩子在知识的海洋中更快、更准地到达目的地。

有的学习程序专攻特定学科、特定问题,被称为标准化程序。它们提供了针对性强的操作流程,使孩子能够精准地攻克学习难点。有的学习程序则灵活多变,适用于多种学习场景,被称为通用性程序。它们提供了普适性的方法和思路,让孩子在各学科的学习中都能游刃有余。

然而,这些学习程序并非自然产生,而是由大脑的程序定制模块来完成的。定制学习程序的过程就如同导演在电影拍摄前精心梳理、布局每一场戏,以确保主题统一、故事流畅。

程序定制是在不断解决问题和完成任务的过程中,逐渐形成的一套具有标准化程度的流程、步骤和方法。它不仅让孩子能够高效处理大量相似问题，还使其提高了解决问题的准确率，减少了错误。

实际上，学习的成效并不完全取决于学生掌握了多少知识，更重要的是孩子是否拥有一个强大而丰富的学习程序库。那些出类拔萃的孩子正是凭借他们独特而多样的学习程序，在学习这个赛道上遥遥领先。

至此，你已看到我们是如何在 AI 与心理学的启发下，一步步揭示人的大脑学习机制的奥秘。不难发现，我们所提出的学习系统模型，能与孩子的日常学习过程无缝对接。在接下来的章节中，你将欣喜地看到，根据学习系统模型，我们能精准而有效地解决一个又一个让人头疼不已的学习问题。

本章回顾

要点

马虎不是一个简单问题，具体分为四种类型，反映了学习系统五个模块的问题。从马虎问题入手，结合对清华大学的学生的深入研究，我们揭示了人的大脑学习的底层逻辑——一个由识别驱动、语义解析、逻辑加工、价值决策和程序定制构成的学习系统。

方法

- 以系统的观点来看待孩子学习上的不足，才能找准问题，有的放矢。
- 帮助孩子解决马虎问题，要分类型考虑，须从优化学习系统的角度着手。
- 学习的好坏由学习系统的优劣决定。帮助孩子提升学习成绩，关键在于修复、完善他的学习系统。

拓展阅读
Reshape Your Learning System

一道题说清学习系统是如何运行的

学习真的是按照五大模块来运行的吗？在真实的学习过程中，学习系统是如何发挥作用的？下面就以一道物理题为例，说一说学习系统是如何运行的：

在足球比赛中，经常使用"边路突破，下底传中"的战术，即攻方队员带球沿边线前进，到底线附近进行传中。某足球场长 90 m、宽 60 m，如图所示。攻方前锋在中线处将足球沿边线向前踢出，足球的运动可视为在地面上做初速度为 12 m/s 的匀减速直线运动，加速度大小为 2 m/s²。试求：足球从开始做匀减速直线运动到停下来的位移为多大？

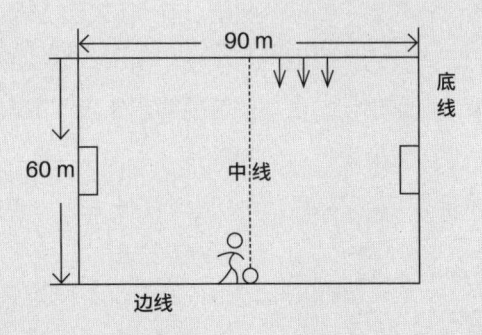

023

这是一道高一物理题。请想象自己是一名高一的学生，此时正坐在考场上，准备解答这道题。如果你不知道相关的知识，没有关系，我们会在下面补充。

当第一眼看到题目时，你的价值决策可能就开始运行了。这道题目很长，原题有三问，内容是关于足球比赛的。如果你对足球一点也不感兴趣，看看这么长的题目，再看看不停流逝的时间，你的心情可能会有点烦躁，不免担心自己做不完题。此时的你应主动调整情绪，如做几个深呼吸让自己平静下来，再集中注意力审题。初读了几句，你会感到这道题不简单，一会儿"匀减速"，一会儿"加速度"，既要考虑足球的运动，也要考虑球员的位置。是开动脑筋努力做下去呢，还是放弃呢？当你犹豫不决时，你便到了价值决策的"意义关"。如果你对自己说："这才是高一物理题啊，轻言放弃，以后还怎么能学好物理呢？不如让我来试一试，说不定没有那么难。"这是你在给自己赋予努力的意义，它能推动你继续往下进行，此时你到了"方法关"。于是，你开始积极思考解题的方法。

你大概会重新读题，学习系统的收集识别模块再次被启动。你读完第一句"在足球比赛中，经常使用'边路突破，下底传中'的战术，即攻方队员带球沿边线前进，到底线附近进行传中"，初步推测这句交代的是背景信息，可能不包含对解题有用的关键信息。你接着读第二句"某足球场长 90 m、宽 60 m，如图所示"，识别到一个重要的信息"如图所示"，便去看图。在图中，你看到了在第一句中出现的词"边线""底线"，认为应该理解它们。这样你就进入了语义解析环节：结合图理解题目中的前两句话。在草稿纸上重新画图，并根据"攻方队员带球沿边线前进，到底线附近进行传中"画出球运动的大致轨迹，你便对球员和足球的运动有更为具象化的理解，甚至能想象出真实的场景。

接下来，你读到第三句"攻方前锋在中线处将足球沿边线向前踢出，足球的运动可视为在地面上做初速度①为 12 m/s 的匀减速直线运动,加速度②大小为 2 m/s²",收集到句中的关键信息:攻方前锋、在中线处、沿边线、初速度为 12 m/s、匀减速直线运动③、加速度 2 m/s²。为了充分理解这些信息,你需要从大脑的知识库中调取相关知识,如匀减速直线运动、初速度、加速度等概念以及相关的公式。然后,你结合图理解足球从哪个点出发、向哪个方向运动。足球做的是有初速度的匀减速直线运动,这意味着它以一定的初速度开始运动,然后以恒定的加速度进行减速,直到停止。加速度是一个矢量,有方向,有大小,但题目中只给了加速度的大小,没有给方向,你需要根据题意推断加速度的方向。这便进入了逻辑加工环节。根据加速度的概念,经过判断和推理,你决定将图中向右方向设为加速度正方向。至此,依照对题目的解读,你能将前三句自然语言转化为物理学科语言,得出:

$$v_{球0} = 12 \text{ m/s}$$
$$a_{球} = -2 \text{ m/s}^2$$

然后,你继续读第一问"足球从开始做匀减速直线运动到停下来的位移为多大",收集识别到的关键信息有从开始到停下来、匀减速直线运动、位移④。接着,进入语义解析环节,大脑新调取了匀减速直线运动位移的概念和公式,结合前文将此问题解读为"足球在匀减速直线运动中,当 $v=0$ m/s 时,整个运动过

---

① 初速度是物体开始运动时的速度,通常用 v_0 表示。在匀变速直线运动中,物体的末速度可以通过公式 $v = v_0 + at$ 计算得出,其中 a 为加速度,t 为时间。
② 加速度是描述物体速度变化的快慢和方向的物理量。在匀变速直线运动中,物体的速度随时间均匀变化,因此其加速度是一个恒定的值。
③ 匀减速直线运动是指物体沿直线运动,其速度随时间均匀减小。这种运动的加速度方向与运动方向相反。
④ 位移,通常定义为质点的位置变动,并用有向线段连接其先后的位置来表示。在匀减速直线运动中,物体的位移可以通过公式 $s = v_0 t - \frac{1}{2} a t^2$ 来计算。其中,s 表示物体的位移,v_0 表示物体的初速度,a 表示物体的加速度,t 表示物体的运动时间。

程的位移是多少"。

通过语义解析，你已经比较充分地理解了题目，也从大脑的知识库中调取了相关概念和公式。接下来，你需要对上述已处理的信息进行逻辑加工，实现成功解题。这时，你会得出一个判断：如果根据公式 $s = v_0 t - \frac{1}{2}at^2$ 计算位移，需要的信息有初速度、加速度和运动时间，而题目中没有给出运动时间，需要先求出运动时间。怎么求呢？大脑在知识库中搜寻，得到一个关于位移、初速度、末速度[①]和加速度的公式：

$$v_t^2 - v_0^2 = 2as$$

然后，你就可以进入驱动执行环节：将数字代入公式，计算求解，得到位移为 36 m，完成第一问的作答。

[①] 末速度是物体结束运动时的速度，通常用 v_t 表示。

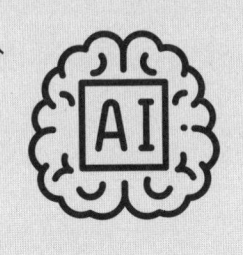

第 1 章

识别驱动：
审题计算不出错，考试零失误

Reshape Your Learning System
学习的迷雾

聪明的孩子也会犯低级的错误

看错加减号，把"6"看成"9"，把"犬"看成"大"，甚至在考试中涂错答题卡……AI 是在模拟人类智能的基础上发展起来的，其在精准性上已经有了突飞猛进的发展，为什么我们人类的孩子没有发展出 AI 般的精准性？

现代人的学习多从上课听讲、读书识字做起。老师传授的知识、书本的信息是如何进入大脑的？让我们从一个案例说起。

一天早上，我刚刚在办公室坐下，约好的咨询电话准时响起。

"宋老师，我都快被整疯了！"电话那头传来一位母亲焦虑的声音。

"欣欣妈妈，您别着急，先来说说情况。"

"前几天，我忙得不可开交。孩子的老师每天都会找我'投诉'数次：孩子上课走神，作业少做了两道题，数学考试才考了70分……我真感觉要被逼疯了……"

欣欣是一名小学一年级的学生。在她妈妈眼中，她聪明伶俐、热爱阅读、思路清晰。但她在学校的表现却总是不如人意，这让妈妈很费解。

"您别着急，孩子上学不到一年，还在适应过程中。她有没有什么特殊情况？"

"噢,对了,孩子右眼斜视,但视力正常。"

"欣欣妈妈,您刚才提到的右眼斜视可能是影响孩子学习的主要障碍。"我轻轻地说道。

"啊,真的吗?"欣欣妈妈有些震惊。

眼睛斜视会造成看东西有重影的问题,欣欣在读取信息时就容易出错,如将"11"看成"111"。欣欣的斜视问题显而易见,但是家长和老师并没有意识到这会影响欣欣的学习状态,只是简单地认为她马虎、贪玩、不认真。如果他们和我一样有过训练机器学习的经历,就不会草率地把问题归因到学习态度上,而是会先考虑学习的初始阶段——收集识别信息是否出了问题。

视觉与学习成绩的隐秘关系

学习始于收集信息,感觉是人们收集的最初信息,某些孩子却在感觉阶段就出现了偏差。例如,常见的看错、看漏学习问题大多与视觉感觉有关系。眼睛是人类收集信息的最主要感官,其收集的信息量占据人们日常信息收集量的70%~80%。下面我们具体看一看文字信息是如何通过眼睛(视觉通道)抵达大脑,并产生视觉感觉的,这又会对孩子的学习产生怎样的影响。

孩子翻开课本,一个个汉字映入眼帘。其实,直接进入眼睛的信息不是文字本身,而是文字反射的光线。人的眼睛(见图1-1)就像一个照相机。光线经过薄薄的角膜,穿过瞳孔,进入眼球。瞳孔是光线进入眼睛的通道。它的作用类似于照相机的光圈,可以根据光线的强弱自行调节大小,从而调节进入眼内的光线多少。光线进入眼睛后,要经过晶状体的折射。晶状体就像一个"全自动变焦镜头",它借助睫状肌的力量,能根据光线的远近自动调节,使光线聚焦在眼球后部的视网膜上。视网膜相当于胶片，是一层敏感的组织，分布着大量的感光细胞。这些感光细胞被光子激活后会将光信号转化为生物电信号，再由视神经传递到大脑视觉中枢形成视觉。正是受益于这样的生理机制，孩子看书的时候，才能看到每一个文字和图像。

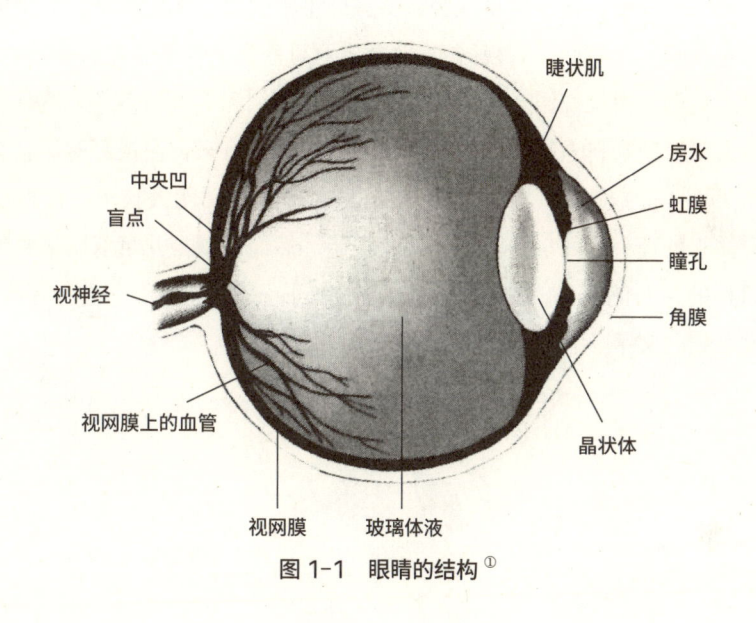

图 1-1 眼睛的结构[1]

如果光线没能恰好聚焦在视网膜上，我们就会看到模糊的物像，眼睛可能近视或远视。据国家疾病预防控制局监测数据显示，2022 年我国儿童青少年总体近视率为 51.9%。虽然较 2021 年（52.6%）有所下降，但近视发病率仍较高。在现实教学中，我们注意到，部分孩子成绩会突然下滑，正是近视造成的。孩子眼睛近视了，没有得到及时矫正，就会出现上课看不清或看错老师板书的情况。这种情况不需要持续太长的时间，仅仅三五天，孩子就可能出现一个或多个知识漏洞。如果这种情况持续一个学期，孩子就很可能在多门课程学习中掉队。

---

[1] 梁宁建. 心理学导论 [M]. 上海：上海教育出版社，2011：132.

除了常见的近视、远视，斜视也同样会让孩子因为看不清楚黑板内容而影响学习。斜视的问题，不是因为光线没有聚焦到视网膜上，而是因为两只眼睛不能同时注视一个目标。其实，人的左眼和右眼所接受的视线范围并不能完全重合。那么，为什么我们会感觉双眼所看到的是同一个物体呢？这就要说到人眼和大脑的左右视野的模式了。设想你正在观察一只胖乎乎的猫，你的双眼会分别捕捉猫的左侧（左视野）和右侧（右视野）。非常有意思的是，并不是左眼看猫的左侧，右眼看猫的右侧，而是双眼会同时接收来自猫的左侧和右侧的信息。然后，经由视神经，人眼会把来自右视野的信息交由左脑处理，将来自左视野的信息交由右脑处理（见图1-2）。这样，同侧视野的信息会传递到同侧大脑中，使得左右大脑各自专注于处理一侧的信息，从而避免混淆。然而，斜视儿童双眼接收的不是同一个目标的左右侧信息，左右侧大脑无法对同一个目标的信息进行有效整合，因此他们看到的文字、符号就会有重影。

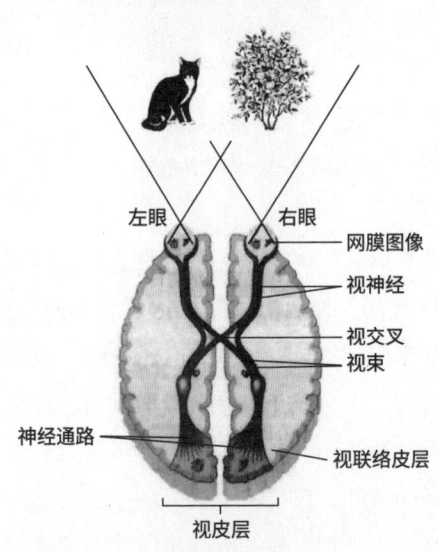

图1-2　左右半脑对视野信息的处理[1]

[1] 梁宁建. 心理学导论[M]. 上海：上海教育出版社，2011：136.

除了眼睛，其他感官也在接收信息。认知心理学家将人的信息收集通道分为两大类：外部感觉通道，如听觉（耳朵）、视觉（眼睛）、触觉（皮肤）等；内部感觉通道，主要包括失重感（内耳）、本体感（肌肉和关节）等。内外感觉通道构成了人类复杂的感官系统，是人类收集识别信息的重要门户。

---- AI 对学习的启示

信息识别"先行官"

从模拟人类的感官系统出发，AI 科学家不断发展机器的感官系统。如今，AI 的"感官"能力已在某些方面超越了人类。例如，红外传感器像猫头鹰的眼睛，在黑暗中能看清一切；无人驾驶汽车使用雷达监测车距，在车来车往的道路上也能顺畅行驶。然而，孩子的抚养者和教育者却对孩子的感官系统知之甚少。孩子的任何一次学习行为都开始于对信息的收集识别，而感官系统是收集识别信息的"先行官"。当孩子在学习中出现问题时，我们首先应该检查"先行官"是否存在问题，而不是急于指责孩子的学习态度或努力程度。

Reshape Your Learning System

被精细动作能力不足耽误的孩子

你有没有发现成绩出众的孩子往往都写得一手好字。他们的字迹工整、大小得当、间距合理，令人赏心悦目。这主要得益于他们良好的精细动作能力。精细动作的发展与人的感官（硬件）和大脑（软件）的匹配程度有关，更多地体现在视觉与双手小肌肉群的配合上。在日常学习中，无论是写字、画图，还是做实验，都需要完成精细动作，实现执行、输出。

在多年的教学工作中，我深感大多数教育工作者更加看重孩子的大脑能力，往往忽略对孩子手上"功夫"的培养。很多孩子存在精细动作发展不足的问题。一个班级里能保持字迹清晰、卷面整洁的孩子大约不足五分之一，多数孩子在书写上存在不同程度的问题。例如，有些孩子写字符很不规范，如"犭"写得像"扌"，"a"写得像"u"，"0"写得像"6"、"6"写得像"0"等；有些孩子对汉字结构把握不准，字大小不匀称、歪歪扭扭；有些孩子画图很不规范，线画得不直、角度画得不对，这导致他们在解题时常被自己画的图所误导。

不要以为这样的书写问题仅出现在小学生身上，一些初高中学生仍因书写潦草的问题而影响学习效率。我曾指导过一位高三的学生，他写的化学符号很不规范，如将"Cl"写得像"U"。这使得他在解答化学题目时，不仅要思考解题思路，还要额外占用大脑的资源去辨认字迹。所以，他解答化学大题时常常越做头越晕。

我还遇到过一个孩子，因为精细动作问题严重影响了高考成绩。他的数学、物理、英语三科成绩都不错，语文成绩不好。这并不是因为他的语文解题能力不佳，而是因为他的书写速度远远落后于同龄人。一场120分钟的语文考试，他要比别人多花20多分钟的书写时间，因此总答不完语文卷子。如果仔细观察他的握笔写字姿势，你会发现他的握笔姿势非常特别。正常握笔写字应该是用食指、中指和大拇指三指指尖稳稳夹住笔，笔尖稍微朝左上方（11点钟方向），手腕轻轻搭在书写面上。他则是食指、中指环握笔杆，手腕向内回勾，笔尖朝右下方（4点钟方向）。说实话，我看他写字都替他觉得累。握笔写字姿势属于肌肉记忆，一旦形成便很难在短时间内改变，更何况这一习惯已经伴随了他十几年。因此，对于提升他的语文成绩，我只能表示爱莫能助。

每每遇到这样的孩子，我都不禁感叹，学习真是一件需要全副武装的事情！这就好像打游戏一样，谁的装备越全，谁就越容易胜出。良好的精细动作也是一件重要的学习"装备"。

AI 对学习的启示

伺服系统

如何发展孩子的精细动作呢？AI 给了我们很好的启示。

伺服系统在 AI 的精细动作中扮演着主导角色，它是一种反馈控制系统，能精准控制机器部件。举个例子，当工业机械臂工作时，传感器发挥触觉通道的作用，收集工业机械臂与目标物品之间的距离、角度等信息，并实时传递给控制器。控制器据此数据进行计算，并向工业机械臂发送指令。由工业机械臂、传感器、控制器和目标物品构成的伺服系统，使得工业机械臂的每个动作都有监控、有反馈，从而保证精准无误。

其实，发展孩子的精细动作，我们也要帮他们构建起一个闭环控制的"伺服系统"。有趣的是，学习高手们大多无意识地发展出了这样的系统。

调研清华大学的学生，我发现他们在书写练习上有共同的习惯——在闲暇时反复练习某几个特定的字。与正襟危坐地练一篇字不同，在轻松的反复练习中，他们会去探索不同的运笔方式，微调笔画与笔画之间、部首与部首之间的位置关系，并用心体会整个过程。有好几个同学曾告诉我，正是在这样的练习过程中，他们突然领悟到怎样才能书写出美观的字形。

学习高手练字的过程其实是一个"书写—反馈—调整—再书写"的闭环过程。在这个过程中发生了什么？学习高手们可以敏锐地收集到手部的触觉信息和来自眼睛的视觉信息，并将这些信息传至大脑进行整合加工。然后，大脑会产生相应的反馈指令，再传递给控制手部肌肉的神经中枢，以此达到对精细动作的微调和完善。经过一段时间的反复练习，手部肌肉逐渐形成了特定的"记忆"，于是，一手好字就练了出来。这与 AI 发展精细动作的过程不是如出一辙吗？

Reshape Your Learning System

那么，精细动作发展不佳的孩子是不是多练字就可以了呢？这不一定。据观察，有些孩子似乎并未掌握练字的要领，他们的注意力大多集中在字本身，这意味着他们接收的视觉信息是足够的，但对手部的触觉信息收集不充分，大脑未能将触觉信息与视觉信息深度整合加工。一部分孩子在写字时很少关注自己手指的感受，即便出现手指酸疼的现象，他们也不会主动调整握笔姿势。从另一个角度看，他们的手指、眼和大脑并未像伺服系统一样建立有效的闭环反馈机制。也就是，手指的实际感受和眼睛所见的信息并未在大脑中形成有效的反馈信号，导致他们难以做出精细化动作的调整。

因此，仅仅让孩子重复地练字，往往不能带来预期的效果。我们应该帮助孩子理解精细动作不仅是手的工作，还是眼、手和大脑三者协同工作的结果。孩子需要将三者紧密结合，形成一个高效的闭环反馈系统，才能找到最适合自己的写字姿势。同时，我们需要激发孩子对手部感觉的敏锐度，可以借助如剪纸、串珠、折纸等游戏活动，引导他们更深入地体会手部肌肉的运动和微妙变化。

读到这里，你或许会迫不及待地想问："如果孩子已经养成了不良的握笔习惯，又该如何调整呢？"纠正握笔姿势确实是一件非常困难的事情。孩子可能会暂时地正确握笔，但当他们沉浸式书写时，很快就会回到原来的握笔状态，这正是肌肉记忆的顽固之处。对于这类孩子，我们除了引导他们形成精细动作的闭环控制和提高手部感知度以外，还要特别注意对孩子们正确握笔写字练习量的把握。

我常用的一种方法是"逐步增量法"。具体来说，我不会要求孩子用正确的握笔姿势写很长时间的字，因为他们很难做到这一点。我会建议孩子从正确的握笔姿势开始，写完一个字后放下笔，接着再拿起笔，继续调整为正确的握笔姿势，写第二个字，完成后再次放下笔，如此反复练习大约10分钟。在此过程中，我会不断地提醒孩子保持正确的握笔姿势，并感知握笔与书写之间的关系，从而增强大脑对手、眼的控制力。待孩子握笔姿势逐渐稳定后，我开始增加写字任务量，从一次写一个字扩展到一次连续写多个字或是一整句话，练习时长也从10

分钟逐渐增加到 15 分钟、20 分钟。

要提升学业表现，培养精细动作是不可或缺的。过去，很多人认为心灵手巧是一种天赋能力。现在，借鉴 AI，我们更加清晰地认识到发展精细动作的关键所在。要提升这项能力，不仅要多做练习，更要科学地练习。

隐蔽的注意力问题，拖累孩子的学习

如果我们跳出个体学习的狭小视野，立于宏大的时代背景下，你会发现，AI 在注意力方面已超越了人类。在各种棋类竞赛中，AI 已经"下"遍天下无敌手了。人类棋手无法超越 AI 的一个方面就是 AI 不会分心，它能够长时间地保持绝对的专注。再聚焦人类学习，我在教学中发现，许多孩子由于注意力发展不足而陷入学习困境。上课走神、写作业时坐不住、不自觉发呆等问题是易被发现的较为普遍的注意力不足问题。不过有些学生的注意力不足问题表现得更为隐蔽、复杂。

我曾遇到过一位一年级的学生——依依。只要有奶奶陪伴，依依总能流利地回答所有人的提问。然而，如果没有奶奶陪伴，如在学校时，依依常常答不上老师的问题；甚至有时她单独回应父母的提问，也磕磕绊绊，语言不流畅。在咨询中，我发现奶奶习惯性地给依依复述他人的问题，有时也会顺带补充一下相关的背景知识，并且总会嘱咐依依赶紧回答。这种交流模式使得依依更加依赖于奶奶的指引，而忽视其他人的提问。在依依的潜意识里，她更习惯于把注意力投向奶奶的话语，而不习惯关注别人说的话。

我还遇到过一个跟依依的专注力不足表现完全相反的孩子。桐桐居家上网课的学习状态比平时在校学习要好。桐桐在学校学习极易受周围环境的影响，窗外飞过的小鸟、同桌不小心掉落的文具都能分散他的注意力。当重新集中注意力时，他往往发现老师已经讲解了很多内容。家中简单安静的环境使桐桐能够更专心地听课。

如何科学地培养学习注意力

对于依依、桐桐这类注意力发展不足的孩子，我们该如何帮助他们呢？要说清楚这个问题，我们有必要先来深入了解人类的注意力机制。在心理学上，我们用"注意"来探讨日常中经常提到的专注力和注意力。在人类的认知活动中，注意扮演着独特而重要的角色。它与感觉、知觉、记忆和思维等心理活动不同，不是一种能独立存在的心理过程。但是在各种心理过程中，我们又会随时看到它的身影。认知心理学家将注意定义为：心理活动对一定对象的指向和集中。如果这听起来有点不好理解，你可以试着将注意想象成一盏聚光灯，它照向哪里，哪里才能被大脑"看到"。换句话说，它指向哪里，哪里的信息才可能以感觉或知觉的形式进入大脑，进而以记忆、思维等方式被进一步加工。没有注意，就没有信息的收集识别。驱动执行的准确性也需要注意来保障。

> 学习的科学

注意的四个特性

心理学家发现人的注意有四个特性：广度、稳定性、分配性和转移性。

注意的广度指人对于所注意事物在一瞬间内清楚地觉察或认识到的对象的数量，也称注意的范围性。在 0.1 秒内，成年人一般能注意 8～9 个黑色圆点、4～6 个彼此不相关联的外文字母、3～4 个几何图形、3～4 个没有内在联系的汉字、5～6 个有内容联系的汉字。孩子的注意广度更小，同一时间范围内往往只能注意到 1～2 个事物或符号。

注意的稳定性指人在一定时间内，相对稳定地把认知资源集中在某一特定对象与活动的能力。注意的稳定性会随着人年龄的增长有所提高。婴幼儿的注意只能稳定几分钟，学龄前儿童的注意能稳定 10 分钟左右，而成年人的注意最多能稳定 40 分钟。注意的稳定性与注意对象的特点有关。单一的、静止的、乏味的对象使人的注意难以稳定；运动的、有吸引力、富于变化的对象使人的注意容易稳定。

注意的分配性指一个人在进行多种活动时能够把注意合理地分配于各项活动中。例如，高效的课堂听讲应该是一边听老师讲解，一边看板书并记录重点内容，同时还要有自己的思考，即注意要分配给看、听、写、思四个方面。

注意的转移性指人可以主动地将注意从当前的活动调整到其他活动中。例如，老师为了吸引学生的注意在讲课中插入了一个笑话，学生们哄笑不已，随后老师继续讲课，有些学生能将注意迅速转移到老师新讲的知识上，有些学生则还沉浸在笑话之中，后者的注意转移性就相对差一些。

对人类的认知活动来说，注意的一个主要作用就是"筛选"，决定着人们的认知资源投向哪里、集中到哪里。它有如一位出色的舞台导演，决定了哪些角色应当站在舞台中央，哪些角色应当稍稍退后。所以，我们说"注意"其实是在谈论一种高效调度和分配认知资源的能力，它决定了哪些信息值得我们深入处理，哪些信息可以暂时被搁置。

我们通常根据注意的特性和类型，采取有针对性的干预训练。前文已经分享了注意的4个特性，下面将谈谈注意的3种类型，以及相关的干预策略。

细致观察孩子的注意状态，家长会发现几种不同的情况。例如，孩子正在写作业，家长商量给他买自行车的事，没想到被孩子听见了。孩子放下作业跑过来问东问西。家长发现很多细节他都听到了。孩子的注意力没在学习上，但是听家长谈话却听得很专注。再有，家长要求孩子朗读一篇长文章，他推三阻四、心不在焉。许诺他读完给个小奖励，他来劲了，读得又快又认真。这两个例子分别体现了两种注意，前者是无意注意，后者是有意注意。

首先，我们来谈谈无意注意。这种注意是不需要预设目的，也不需要意志努力就能维持的一种注意。孩子偶然听到父母在讨论给自己买自行车的事，这样的话题明显比课本内容更有吸引力，引发了他的无意注意。于是，他的认知资源就从学习转到父母的谈话上了。

再来看有意注意。它指有预定目的，需要付出意志努力才能维持的注意。同样拿上文中的例子来说，为了赢得奖励，孩子全神贯注地朗读文章，这是有意注意。一般而言，人出生后就具备无意注意，随着认知的发展，逐渐出现有意注意。在3岁左右，他们开始从主要依赖无意注意认识世界，转变为主要依靠有意注意。

此外，还有一种注意，叫作有意后注意。它表示事前有预定目的，但不需要意志努力的注意。有意后注意最典型的例子就是骑自行车。你初学骑车时，会注意每一个动作，如左脚蹬、右脚蹬、看前方等，一旦掌握了骑车技术，便可以在骑车的同时与他人闲聊，此时不再需要关注骑车的动作。

无意注意是与生俱来的，不需要特别培养；有意注意和有意后注意对促进学习来说非常重要，需要重点培养。为了防止孩子的有意注意受到外界干扰，变为无意注意，我们需要为他们提供一个更为有利的学习环境，如书桌上减少与学习无关的物品，确保学习环境安静，并尽量不去打扰孩子。

在培养有意注意时，我们可以充分利用注意的四大特性，结合孩子喜欢的游戏形式，往往能带来较好的效果。例如，要拓展孩子的注意广度，可以引入舒尔特方格、找出图画间的不同之处或玩模仿游戏；为了增强孩子注意的稳定性，我们可以使用数字划消、找错字游戏或采用抗干扰训练；要发展孩子注意的分配性，可以与他们玩"一枪打四个"或"一心二用"的游戏，夹棍球也是一个很好的教具；为了培养孩子注意的转移性，可以尝试"摆手影讲故事"或做"快速联想游戏"等有趣的活动。①

最后，我们来谈谈如何培养有意后注意。这种注意不依赖主观的意志力，一般适用于那些可以形成肌肉记忆的技能（如骑车、弹琴）或者可以被程序化、结构化的任务（如绘制思维导图、按笔顺书写汉字）。对于前者，大量的重复实践是关键。例如，学过钢琴的人会深有体会：只要练习某首乐曲到达一定的次数，就几乎不需要再查看乐谱，仿佛手指自己会弹，这其实是形成了肌肉记忆。人在弹奏这首乐曲时，就只需要有意后注意了。对于后者，我们首先应该指导学习者掌握明确的流程和步骤，然后鼓励他们进行大量的练习。以写汉字为例，孩子首先需要熟记汉字的笔顺规则，随后在长时间的练习中，慢慢地形成书写习惯。在短短的一两年或者稍长的三五年内，孩子就不用再刻意注意汉字的笔顺了，即使面对新学的汉字，也能够自然地按照既定的笔顺规则书写。然而，如果孩子在练习过程没有认真熟记笔顺，在书写中经常犯错而不知改正，那么，他们在之后的学习过程中仍然需要思考笔顺的问题，书写汉字时就无法真正达到有意后注意的状态了。

注意管理模式决定孩子能否专注

我从注意的类型和特性角度出发，已经分享了一些训练注意力的策略和方法。但要真正解决注意力的问题，我们还需要深入探讨其本质属性。注意力实际上是人们对认知资源的管理和调配能力。那么，孩子是怎么管理自己的认知资源的？这一点非常重要。

据我观察，中国家庭中的孩子大致有两种注意管理模式：一是"自律模式"，即学生自主管理自己的认知资源；二是"他律模式"，即孩子的认知资源主要由

---

① 有关注意力游戏的详细说明，可以参考本书作者的另一本书《中国孩子注意力养成大书》或者视频课程《孩子专注力提升实操课》。

他人来管理。

一个孩子能否发展出良好的注意力，从根本上说，是由他的注意管理模式决定的。像前文提到的依依，没了奶奶这根"拐杖"，她就无法将注意集中到他人的提问上。可见，依依的注意是奶奶在管，而不是自己在管。这是典型的他律模式。许多孩子的注意力管理都属于他律模式，因为他们从小就生活在这样一个环境里：小到吃喝拉撒，大到考试比赛，都有家长或老师在身边不断地叮嘱、提醒。尤其在他们学习时，家长和老师习惯不断地提醒他们"集中注意力""不要走神"等。实际上，若想让孩子发展出良好的注意力，关键在于培养他们的自律模式，让他们学会独立管理自己的认知资源。这就意味着，无论是家长还是老师都需要学会适时放手，给予孩子更多的尝试和探索空间、更多的理解和支持，让他们有机会犯错并从中学习。

注意力训练小妙招

好玩又神奇的抗干扰训练法

四年级学生贝贝的注意力很不好，他经常上着上着课自己就溜达出教室了。

我在给贝贝做干预治疗时采用了独创的抗干扰训练法。

我先和贝贝约定一起学习：他写作业，我看书。如果他全程站起来不超过三次，那么写完作业后我就奖励他最喜欢的汉堡。贝贝欣然答应了。

学习开始后没过几分钟，看他眼神有一点游移，注意力不集中了，我对他说："你今天到我这儿来，是不是没有带水啊？那边有个饮水机，你自己拿纸杯盛一点水喝吧。"他站起来，走过去盛了一杯水，回到座位上。我笑眯眯地对他说："一次了。"

他瞪着眼睛看着我说："老师，不是您让我去的吗？"我说："对。但是我们今天的约定就是你站起来的次数少于三次。我让你去，你去了，也算一次。你得管住自己，不能被老师误导了。"

贝贝听完有点懊恼，但是他没放弃："好吧，我肯定能管得住自己。"然后，我们两人继续学习。

过了一会儿，贝贝的注意力又涣散了，于是我说："你喝了一大杯水，要不要去洗手间？出门左拐再左拐就是洗手间。"他想都没想，站起来就往门口走。我轻轻地咳嗽了一声，他回头看了一眼，突然明白过来了："老师，是不是两次了？"我笑了。他洗手间也不去了，跑回来坐下跟我说："我一定不会再上当了！"注意，这个时候他开始调用自己的注意力跟我对抗，也就是说，他开始自己管自己的注意力了，不用我来管了。

接下来，第三次是特别关键的。如果我又让贝贝失败了一次，那么他很可能失去了信心。所以这次我给了他一点暗示。我先叫了他的名字，然后停了两秒钟才问他："你要不要去那边的书架上看看有没有你喜欢的书？"他看我一眼，意识到我又在想办法让他站起来，就没有理我，低下头继续写作业。当我第四次再叫他的时候，他连头都不抬。就这样，贝贝赢得了最后的胜利。

我为何已经与贝贝制定三次站起来的约定，却又不断尝试干扰他呢？因为我在用"故意干扰"的方式改变贝贝的注意管理模式——从他律模式到自律模式。这就是抗干扰训练法的主要目的。使用该抗干扰训练法的要点是，改变传统的"盯、管、催"模式，通过给孩子"捣乱"制造干扰，让孩子产生对注意的自我管理行为，以及对干扰的"免疫力"。经过一段时间的训练，孩子便会养成注意力的自律管理模式。

Reshape Your Learning System

"学霸"避免出错的神招 1：校验

我相信你已经意识到，在孩子的学习过程中，感觉器官"硬件"在识别驱动上的重要性。不过，如果你认为"眼不明治眼，耳不聪治耳"就能解决问题，那就过于乐观了。感觉器官"硬件"仅仅是第一道关卡，人脑加工信息的"软件"又是一道关卡，它也可能让孩子出错。即使是感觉器官"硬件"完好无损的孩子，也会出现看错、听错、写错一类的马虎问题。

我们除了提醒孩子要"认真"，还有什么方法呢？我们调研发现，清华大学的学生在识别驱动环节几乎不会马虎，因为他们大多掌握了一项硬核技术——校验。校验具体可分为两种：一种是视听双通道收集信息，另一种是及时回视检查。

什么是视听双通道收集信息？看完下面这个学习实验，你就明白了。

我们邀请了来自清华大学不同专业的106名在校学生（包括45名女生、61名男生）作为被试参与学习实验，也邀请了37名有读题障碍的学困生作为对照组。在学习实验过程中，被试始终佩戴着具有32通道的EEG脑电设备，进行了20分钟的阅读及问答测试。当然，测试成绩并不重要，我们主要检测、分析被试在完成此任务时的脑电信息。结果令人惊讶！

实验发现，被试在执行任务过程中，大脑的视觉中枢和听觉中枢的活跃程度远远超过对照组。视觉中枢的活跃是容易被人理解的。因为被试通过眼睛这一视觉感官获取信息，视觉信号再通过视觉通道传递到大脑的视觉中枢，相应的神经细胞群会被激活。但是，实验环境并没有听觉指令和环境噪声，为什么被试的听觉中枢也会变得活跃呢？通过访谈等一系列深入的研究，我们发现，原来被试执行任务时，除了用眼睛看题，还会在心里读题。默读虽然没有发出声音，却同样能激活大脑的听觉中枢。换句话说，被试在进行阅读时，同一条信息会通过视觉和听觉两个通道同时传输到大脑中。我们将这种信息获取的方式称为视听双通道收集信息。

视听双通道收集信息有什么好处呢？它其实是一种有效的校验形式。大脑会将从听觉通道传入的信息与从视觉通道进入的信息进行比对，只要发现不一致，便会立即亮起"红灯"，提醒需要重新核对信息。这样，自动化的校验过程就在大脑中发生了。

所以，当孩子告诉你错在"没看清"，你不妨问问他有没有同步默读。很多时候，问题并不在于"看"，而是缺少听觉反馈和校验的过程。

第二种校验技术是及时回视检查。在学习实验中，被试佩戴了眼镜式眼动仪，用于监测他们的答题过程。从眼镜式眼动仪生成的热力图上，我们惊喜地发现，被试在捕捉信息时有明显的过人之处。他们不仅能快速捕捉到关键信息，如数理化题目中的数量、单位、关系、状态和符号五大类信息，还会及时回视检查这些信息，及时比对题目中的信息和自己书写的内容，以保证信息的准确性。

你可能觉得学生应用及时回视检查这种校验技术很普遍，其实不然。

我们曾对北京某重点中学的 156 名高一学生做过学情调研。当问到"你在考试时是否会对刚做完的题目进行及时回视检查"时，52% 的学生选择"偶尔"或"从不"，仅 12% 的学生选择"总是"。

因为大多数的学生没有及时回视检查的习惯，导致他们对重要信息不够敏感，经常在小数点、正负号、单位不统一等这些地方出错。即便是在考试涂写答题卡这个非常重要的环节，很多学生也都一遍过，未做到及时回视检查。相比之下，清华大学的学生会非常有规律地进行回视，大多在涂完 5～10 道题后会回视检查一番。

在平日教学中，我也经常用这两种校验技术帮助那些在识别驱动上容易犯低级错误的学生。通常，经过大约 2～3 周的刻意练习，他们在学习上的精准性会有明显提高。

"学霸"避免出错的神招 2：预警

在学习的"战场"上，每个孩子都有自己难以摆脱的弱点。尽管校验技术能有效提高识别驱动的正确率，但是总有一些"奇葩"的错误，它们如同顽固的"敌人"，让人屡攻不破。

我遇到过这样一个孩子。她做数学题总是忘记化简像 $\sqrt{4}$、1^2 这样的数。每每发生这种问题，她都会非常懊悔：不明白自己的大脑当时在想什么！一个"学霸"神招能够帮助孩子扫清这类障碍，你是否想一探究竟呢？这就是我要分享的学习高手神招——预警程序。

所谓"预警程序"，就好像是一盏"知识路灯"。孩子自以为在学习路上走得稳稳当当的时候，这盏路灯会在一些特定的地方自动亮起，轻轻提醒：这里可能有坑，要小心。例如，我给前文提到的那个孩子设计的预警程序就是，每当遇到根号、平方、立方之类的符号时，就要提醒自己"注意看！是否可以化简"。

几乎所有的学习高手，他们大脑里都有一套"预警程序"。

我曾专门设计了一些充满陷阱的题目让清华大学的本科生作答。这些题目虽看起来简单，但实则在细节上埋了不少易错点，如单位不统一、计算过程错综复杂等。

在观察他们的解题行为时，一个现象引起了我的注意：许多学生在答题的过程中会突然减慢答题速度，甚至完全停了下来；接着，有的学生选择反推核实自己的答案，有的学生则回到题目细细审查计算过的每一步。这让我感到很好奇。

后来，我对他们进行了深入访谈。他们之所以会放慢答题速度，是因为凭直觉感到自己可能出错了。例如，当计算出一个感觉"不对劲"的数字，像 $\sqrt{1129}$，

第 1 章 识别驱动：审题计算不出错，考试零失误

他们会本能地选择验证；如果一道题目中有多个问题，前后两个答案之间存在某种看起来太过明显的关系，如两数之和刚好是 1，这就让他们感到太过巧合，于是决定马上回头查找原因；若突然意识到单位可能错了，他们会立刻停下来核实。

清华大学的学生在解题时所拥有的这种"直觉"，就像是大脑中的警铃，它能够将大脑认知资源聚焦到那些至关重要、容易出错的信息点上，让他们变得更加小心、专注，从而避免犯错。

从本质上讲，预警程序就好比是进行自我监控、自我调节的一种手段，能够增强对自己认知资源的控制，也能使校验更好地发挥作用，从而让识别驱动的精准性更有保障。

怎样让我们的孩子拥有预警程序呢？首先，孩子要提炼自己的易错点；其次，孩子完成针对性练习，建立起对易错点的敏感度。经过这样的刻意练习，原本马虎大意的孩子，会在学习中对易错点变得越来越警觉。当然，正如知识总要一点一点地积累，预警程序的建立也不是一蹴而就的。起初，孩子可能只是在特定的情境下才能启动预警程序，但随着不断地练习，他们真正掌握了这种方法，就会逐渐拓展，将预警程序运用到更多可能会出错的地方。

———————————————————————— 本章回顾

要点

识别驱动是学习系统的第一个模块,是否能做到精准零失误,直接影响学习效果,但常常被我们忽视。其中,感官系统影响收集识别的准确性;精细动作能力影响驱动执行的效果。科学发展注意力水平,掌握校验、预警这样的学习技术,是提高识别驱动精准性的有效方式。

方法

- 关注孩子感官系统接收信息的发展情况。
- 精细动作训练:仿照伺服系统,按照"书写—反馈—调整—再书写"的过程,在手、眼和大脑之间建立有效的闭环反馈机制。
- 注意力训练:从注意的 4 个特性入手选择训练方法,采用抗干扰训练法培养孩子注意力的自律机制。
- 校验技术:视听双通道收集信息,及时回视检查。
- 建立预警程序。

拓展阅读
Reshape Your Learning System

这些错误，只是知觉局限性在作怪

让孩子掌握校验和预警的技术是非常必要的，因为人的大脑在处理抽象符号信息时存在天然的局限性。这主要与知觉的先天特性有关。人类的知觉历经数百万年的演变，非常适应狩猎、采集生活。然而，当文字产生之后，一切都改变了。短短几千年的文字历史，尚未让人类的大脑完全适应。那来自古老年代的知觉，会像一个顽皮的小孩，给大脑正在发育的孩子们制造麻烦。

你是否曾经听过小学老师的感叹："孩子们为何总是混淆'大'和'犬'，'我'和'找'这样简单的汉字？"这并非孩子粗心马虎，而是知觉恒常性在"作怪"。知觉恒常性指当客观条件在一定范围内改变时，知觉映象在相当程度上却保持着它的稳定性。例如，一个苹果上有一个小斑点，我们仍然会识别这是一个苹果。我们不会因微不足道的变化而影响对事物的识别。但是，当识别对象变成抽象符号时，问题就来了。想想看，一个"大"字加上一个小点，它就成了"犬"字。然而，孩子的大脑会像原始人的大脑那样受到知觉恒常性的影响，忽略了细微的变化，依然把"犬"字当成"大"字。

此外，知觉定势也常影响孩子的学习。例如，知觉定势对孩子数学学习的影响（见图1-3）。

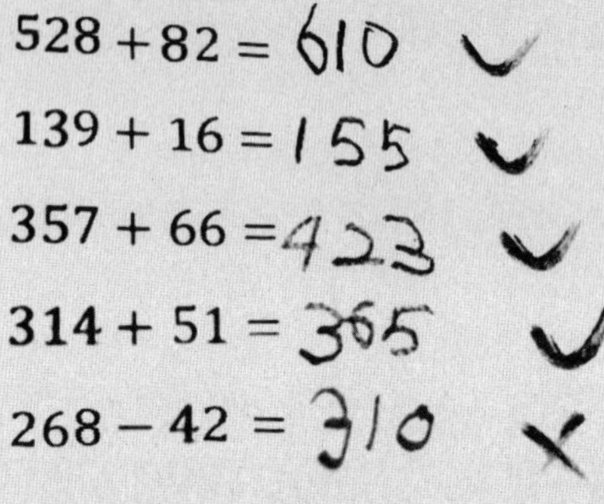

$$528 + 82 = 610 \checkmark$$
$$139 + 16 = 155 \checkmark$$
$$357 + 66 = 423 \checkmark$$
$$314 + 51 = 365 \checkmark$$
$$268 - 42 = 310 \times$$

图 1-3　知觉定势对数学学习的影响

你可能会说，上图中的错误是因为孩子"不认真"，前面四道都是加法题，便想当然地认为最后一题也是加法题了。可是，孩子为什么会想当然呢？他可以准确识别268、42，为什么识别不对加减号？这其实是因为知觉定势——先前知觉活动所形成的心理准备状态会影响当前的知觉。知觉定势让孩子不加思考地认为四道加法题后面还是一道加法题。

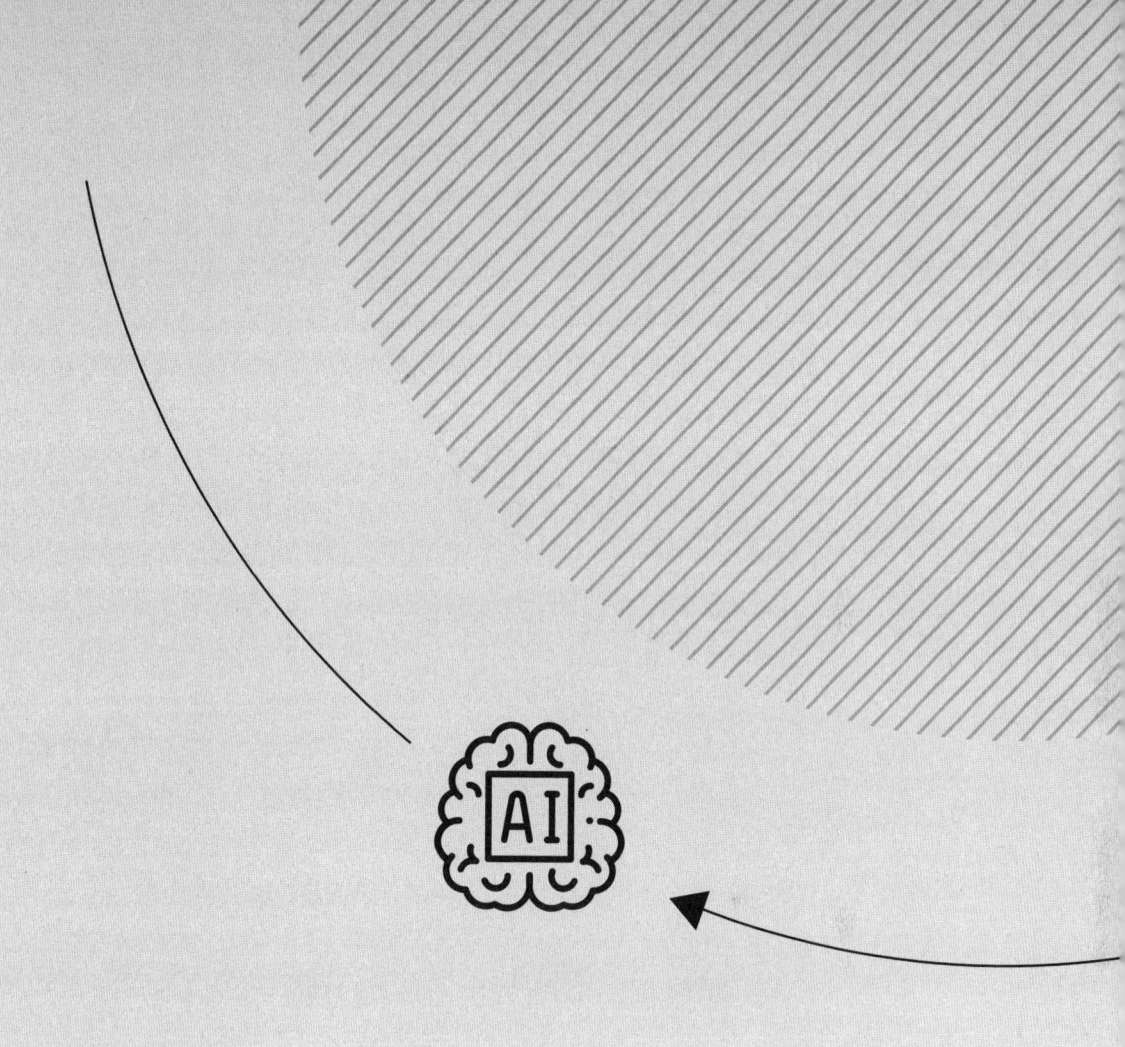

第 2 章

语义解析：
构建完整知识图谱，理解准确

Reshape Your Learning System
学习的迷雾

一看就懂、一听就会、一做就错

在学习中,你的孩子是否经常出现这样的现象,如对于某类数学题,看参考答案一看就懂,听老师的讲解一听就会,一到动笔做却一做就错……学习仿佛陷入"一看就懂、一听就会、一做就错"的怪圈之中。如何跳出这个怪圈?我们需要回到原点,想想"以为的懂是真的懂吗"。

第 2 章 语义解析：构建完整知识图谱，理解准确

如果你关注中小学教育，那么你大概也注意到了，近几年各科考题都有一个明显的变化：题目越来越长，越来越难读懂。很多孩子不明白，明明认识题目中的每个字，单独拿出来每个词语都能明白它的含义，为什么串联在一起成句成段后就读不懂了呢？

这与人类大脑的进化有关。今天人类的大脑已经过数百万年的演化，人类文字仅有几千年的历史。神经学家发现，大脑中并没有专门负责阅读的区域。好在大脑极具可塑性。通过坚持不懈地练习，大脑最终会生成一个专门处理文字信息的脑区。脑科学家将其称之为"文字盒子区"，该区域位于大脑左半球的外侧枕颞沟深处。它在工作时，会一边接收和处理文字信息，一边把处理后的信息发送到其他脑区。然而，大脑要训练出一个"文字盒子区"并不容易，平均而言至少要十年时间。在这个过程中，大脑出现解读不出或者解读错误文字信息的情况是非常正常的。

随着 AI 的迅猛发展，未来社会无疑将对个体的信息理解能力提出前所未有的挑战。面对知识爆炸，新信息源源不断，我们无法，也无须将每个知识点都收入囊中。谁能快速理解并运用知识、信息，解决现实中的实际问题，谁就能在竞争中胜出。这背后离不开一项至关重要的能力——语义解析能力。那么，我们该如何培养孩子的语义解析能力呢？

同样的问题也困扰 AI 科学家多年。机器进行自然语言处理，经历了一个从"人工智障"到"人工智能"的过程。这与孩子的语言发展过程极为相似。学生在学习口语和书面用语时，同样要经历一个从不会到会、从不好到好的过程。当然，AI 模型的演进离不开技术的加持，如数据库、知识图谱、知识存储与提取等技术。如果我们借鉴其原理并将其应用在教学之中，也能很好地帮助学生提高其语义解析能力。

本章，我们着重介绍借鉴机器对自然语言的理解和生成，来帮助那些在解读抽象符号（阅读文字）上遇到困难的学生。

3 个原因，导致理解出错

无论哪个国家的孩童，他们进入学校往往首先学习识字。这些印刷在纸面上的小小的符号，对孩子而言，是新奇而又神秘的。他们不仅需要记住这些符号的发音，更需要理解它们背后所代表的"含义"。这些"含义"像一座桥梁，将抽象的符号与丰富多彩的现实世界紧密相连。理解和记忆这些抽象的符号及其含义，正是语义解析模块所要承担的"重任"。

理解是人们从口头信息和书面信息中，用总结、解释、分析、比较等方法建构含义的过程。对于任何一个知识点，学生只有真正理解了，才能自如地应用它来解决问题。然而，要达到这样的理解程度，并非易事。在教学中，我们发现学生之所以不理解或者理解不到位，主要是由于学生大脑的"理解计算"不充分，具体体现在 3 个层面上。

解读信息本身计算失败

对自然语言文本信息，大脑不能正确识别和解析句子的各种成分，导致解读中断；对非自然语言信息，大脑不能正确识别和解析其中的要点信息。例如，下面我们通过一道数学题，来看大脑如何解读信息：

在我国，平均每平方千米的土地一年从太阳得到的能量，相当于燃烧 1.3×10^8 千克的煤所产生的能量。在我国 960 万平方千米的土地上，一年中从太阳得到的能量相当于燃烧多少千克的煤所产生的能量？（结果用科学记数法表示）

题目由两个句子组成，每个句子都很长，句中分句的限定语也很长，导致学生理解有难度。如果将句子的"枝叶"去掉，只留下对解题有用的部分，即"每平方千米的土地从太阳得到的能量，相当于 1.3×10^8 千克煤的能量。960 万平方千米的土地，从太阳得到的能量相当于多少千克煤的能量？"，学生就会觉得比较好理解了。

再来看下面这道"网红"题：

这是电视剧《甄嬛传》中祺嫔被废为庶人后在紫禁城被追杀的场景。从图中可知，此时（　　）。

A. 鄱阳湖迎来枯水期
B. 青藏高原雪山的积雪线下降
C. 南方油菜花迎来开花期
D. 黄河侵蚀能力增强

题目的要点信息在图中。从图中，我们可以看到当时正在下大雨，发生地点在紫禁城。紫禁城在北京，北京下大雨的时间主要集中在 6—8 月。此题实际是在考察 6—8 月是否会出现选项中提到的自然地理现象。学生如果不能正确理解图片中的信息，也就无法抓住题目的关键。

055

没有成功调取所需的知识和经验

大脑在理解信息时，需要借助已有的知识和经验，与新信息进行匹配，从而获得新的理解。对于要理解的信息，如果学生没有相关的知识和经验，或者虽有知识储备但是未调取成功，那么仍然无法正确理解新信息。我们来看一道小学数学题：

> 下列是某大酒店平时的每日房价。周年庆时，该酒店推出"488元享2晚双人标房"的优惠活动。请计算周年庆时住两晚双人标房比平时便宜多少钱？

每日房价	
豪华套房	598元
双人标房	368元
普通单间	298元

如果学生不知道住酒店的一天是从当天中午12点开始计算到次日12点，那么对于"每日房价""488元享2晚"的意思就不能正确理解。另外，"普通单间""双人标房""豪华套房"也是干扰信息，若学生不理解，也可能导致不会做题。

没有进行推理和预测

推理和预测在理解信息时不可或缺。认知心理学家研究发现，大脑会根据所收集的信息和已有的知识经验，按照演绎、归纳、类比等方式进行推理，还会根据事件发生的先验概率和新的信息进行预测。如果学生懒得动脑筋，没有做推理和预测，学习表现为理解不深入、不到位，那么这实际上是由于大脑对信息的加工程度不够所导致的。

总而言之，理解其实是一种比较"烧脑"的认知活动，需要大脑熟练掌握分析自然语言的技能，不仅要能够充分调取已有知识和经验，还要能够结合先验知识和当前信息进行一定的推理和预测。

6个策略，秒懂知识点

我曾经教过一个孩子，他的数理化三科中考成绩将近满分，但是语文成绩不好，尤其是现代文阅读理解，他总是感到不知所云。他表示："语文要背的内容太多了，因为背不下来，所以学不好。"真的是这样吗？我恰巧遇到另外一个孩子，他正在为学习生物而发愁。这个孩子觉得生物学科的知识点又多又散，背来背去记不住。这两个孩子似乎都遇到了记忆内容方面的问题。我问语文成绩不好的孩子："生物学得怎么样？那么多的知识点，不好背吧？""生物简单啊，需要背吗？理解了就会了，我基本没有专门背过。"这个孩子回答。

语文和生物都有知识点琐碎而繁多的特点。同一个孩子，认为语文的知识点多背不下来，而生物的知识点无须刻意去背。由此可见，孩子某学科成绩的好坏并非在于该学科知识点的多少，而在于孩子对这些知识点有没有真正地理解。

有不少这样的孩子，他们学习认真努力，且学习习惯也很好，但是成绩总停留在中等水平，难以提升。家长为此花了很多心思，但孩子的成绩并未得到提升。久而久之，家长陷入了"天赋论"误区，认为孩子的智商一般，无法成为学习高手。如果我们用学习系统的观点来看，就会发现这些学生的语义解析模块比较薄弱，学习看似用功但是流于表面，他们对很多概念、原理的理解是不到位的。

在日常教学中,我结合认知规律和中小学学生学习的实际情况,总结了6个有效的理解策略,能帮助孩子应对各种阅读、学习情境,快速提高语义解析能力。

变被动理解为主动理解

大脑是一个极其耗能的器官。虽然它的重量仅占人体体重的2%,但其耗能却约占人体总耗能的20%。人体天然地遵循着"节能减排"的原则,我们大多数时间是通过快速、直觉型思维来认知和决策的。这意味着,大脑倾向于采取"懒惰"的方式,能不动就不动。因此被动理解比主动理解更常见、更自然。在不发问的前提下,只要能通顺地读完一段话或者记住一个概念、一个观点,学习者通常会认为已经理解了内容,这就是被动理解。当学习者问出"究竟什么是'学习'""当你说'大脑'时,你究竟在说什么"这样的问题时,学习者会突然发现自己其实并不能说清楚这些平时极其熟悉的词语。

著名物理学家理查德·费曼(Richard Feynman)曾说:"我很小就懂得知道某个事物的名字与真正了解这一事物的区别。"当其他小朋友为自己知道某种生僻的鸟名而得意时,费曼的父亲却告诉他,这种鸟的名字在不同国家有不同的叫法,所以知道它叫什么并不重要,要看它在做什么,这才是有意义的。因此,费曼在日后的学习与研究中,非常重视透过文字表面去发现和理解背后的内涵。费曼的这种学习和探究过程就是主动理解。

发问是启动主动理解的一种有效方法。当学习一个新概念时,我们不妨问问自己,这个概念究竟是什么意思?当我们说一个名词时,实际在说什么?当我们学习一个原理或者规则时,可以问问自己,它是如何得出来的?它的适用范围是什么?当我们解答一道题目时,不妨自问一下,命题人究竟想考察哪些知识或能力?当问题被抛出时,大脑就会被带入更深层的理解过程中。

第 2 章 语义解析：构建完整知识图谱，理解准确

预处理文本

书面语言常常以一种线性的结构呈现，文字是一个一个、一行一行排列的。但书面语言表达的意思却不是简单的线性结构，往往有丰富的内容，涉及多个概念，且概念之间的关系错综复杂。由于受视觉器官的限制，人们在阅读文字时，一次只能读取 5 个左右的汉字，或者 10～12 个字母。所以，当一句话很长且成分较多时，大脑会因为抓不住主要信息而产生理解困难；当一段话涉及的概念较多且概念间的关系比较复杂时，大脑可能会因为短时信息超载而"死机"。此时，如果能够对文本进行预处理，把它变成大脑容易解读的形式，那么理解就会变得简单。常见的预处理文本方式包括以下 3 种。

第一种是运用语法分析，提取文本关键信息，忽略干扰信息，理解文本的核心意思。我们一起来看下面这道高中语文题目：

把备选句子的序号分别填入方括号，使下面这段景物描写语意连贯，画面完整。
①一阵阵的南风，吹着岸上的垂杨。
②西边一湾绿水，缓缓从净业湖向东流来。
③桥东一片荷塘，岸际围着青青的芦苇。
到了德胜桥。[ ]，两岸青石上几个赤足的小孩子，低着头，持着长细的竹竿钓那水里的小麦穗鱼。[ ]，几只白鹭，静静立在绿荷丛中，幽美而残忍，等候着劫夺来往的小鱼。北岸上一片绿瓦高阁，清摄政王的府邸，依旧存着天潢贵胄的尊严气象。[ ]，池中的绿盖，摇成一片无可分割的绿浪，香柔柔的震荡着诗意。就是盲人也可以用嗅觉感到那荷塘的甜美，有眼的由不得要停住脚瞻览一回。

这是一段生动细致且运用了多种修辞手法的景物描写。如果要彻底把这段文字的内容理解清楚，然后再判断 3 个句子的位置，耗费时间太多，也不一定能保

证正确率。如果运用语法分析，仅提取对解题有用的关键信息，对题目的理解就变得容易了。首先，解读备选语句，提取关键信息（见表2-1）。

表2-1 关键信息表

语句	句子主干	关键信息
①一阵阵的南风，吹着岸上的垂杨。	南风吹着垂杨。	南风
②西边一湾绿水，缓缓从净业湖向东流来。	绿水流来。	绿水
③桥东一片荷塘，岸际围着青青的芦苇。	荷塘围着芦苇。	荷塘

然后，从短文中寻找可以与南风、绿水、荷塘构成语意连贯的关键信息："两岸"前应该接"绿水"，因为"绿水"才有"两岸"；"绿荷丛"前面应该提到"荷塘"，由"荷塘"写到"绿荷丛"才自然；动作"摇"是由"南风"引发的，所以"南风"语句应该在"摇成一片无可分割的绿浪"之前。这样解读后，备选句子与短文关键信息的对应关系一目了然，备选句子在文中的位置也就不难判断了。

到了德胜桥。[②]，两岸青石上几个赤足的小孩子，低着头，持着长细的竹竿钓那水里的小麦穗鱼。[③]，几只白鹭，静静立在绿荷丛中，幽美而残忍的，等候着劫夺来往的小鱼。北岸上一片绿瓦高阁，清摄政王的府邸，依旧存着天潢贵胄的尊严气象。[①]，池中的绿盖，摇成一片无可分割的绿浪，香柔柔的震荡着诗意。就是盲人也可以用嗅觉感到那荷塘的甜美，有眼的由不得要停住脚瞻览一回。

第二种是图示法，将线性结构呈现的文字转化为形象直观的图画信息。
这一策略常常应用在解读理科材料中。我们一起来看一道小学数学题：

3棵树上停着24只鸟。4只鸟从第一棵树上飞到第二棵树上，5只鸟从第二棵树上飞到第三棵树上，此时3棵树上的鸟数量都相等。求第二棵树上原有几只鸟？

第 2 章　语义解析：构建完整知识图谱，理解准确

鸟从第一棵树飞到第二棵树，又从第二棵树飞到第三棵树……如果只是看文字，学生可能只知道鸟飞来飞去，解读不出关键内容。如果用线段图来转述文字内容（见图 2-1），我们看看能发现什么？

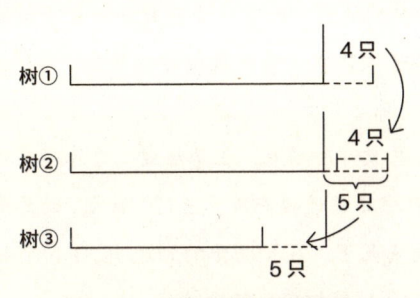

```
树①  |————————————|  4只
                      ↓
树②  |————————————|  4只
                      5只
树③  |—————————|←
              5只
```

图 2-1　线段图表示题目示意

不难看出，虽然第二棵树上的鸟飞来飞去，但原来的鸟的只数其实就是没动的鸟（实线段所表示的）加上飞走的 5 只鸟，再减去飞来的 4 只鸟。最后 3 棵树上的鸟数量一样多，所以实线段表示的只数就是"24÷3=8"，这道题最终的答案就是"8+5-4=9（只）"。

第三种是列表格等方法，将线性结构呈现的文字转化为结构化信息。这一策略常常用于处理多概念且概念间关系复杂的信息。例如，生物教材中是这样介绍核酸的：

核酸的种类及其分布

核酸 (nucleic acid) 包括两大类：一类是脱氧核糖核酸（deoxyribonucleic acid），简称 DNA；另一类是核糖核酸（ribonucleic acid），简称 RNA。真核细胞的 DNA 主要分布在细胞核中，线粒体、叶绿体内也含有少量的 DNA。RNA 主要分布在细胞质中。

核酸是由核苷酸连接而成的长链

核酸同蛋白质一样，也是生物大分子。核苷酸是核酸的基本组成单位。每个核酸分子是由几十个乃至上亿个核苷酸连接而成的长链。一个核苷酸是由一分子含氮的碱基、一分子五碳糖和一分子磷酸组成的。根据五碳糖的不同，可以将核苷酸分为脱氧核糖核苷酸（简称脱氧核苷酸）和核糖核苷酸。

DNA 和 RNA 各含 4 种碱基，但是组成二者的碱基种类有所不同。

DNA 是由脱氧核苷酸连接而成的长链，RNA 则是由核糖核苷酸连接而成的长链。一般情况下，在生物体的细胞中，DNA 由两条脱氧核苷酸链构成，RNA 由一条核糖核苷酸链构成。

怎么样？你在读上述材料时是不是有点"头晕"？如果将这么多的文字用下面的表格梳理出来，DNA 与 RNA 的异同点就一目了然、利于理解、方便记忆（见表 2-2）。

表 2-2　DNA 与 RNA 异同点对比表

分类	脱氧核糖核酸（DNA）	核糖核酸（RNA）
分布	主要分布在细胞核中，少量存在于线粒体、叶绿体内	主要分布在细胞质中
组成单位	脱氧核苷酸	核糖核苷酸
结构	双链	单链

完善知识库

理解总是离不开大脑中的知识和经验，大脑中的知识库的优劣会影响大脑对具体文本的理解程度。在学习新知识、积累新经验的过程中，我们应有意识地完善大脑中的知识库，这也是提升理解的一个重要策略。如何运用知识图谱"整理"知识库，又如何运用记忆策略从知识库中提取所需要的知识和经验，我们将在下面作详细介绍。

在实践中加深理解

"纸上得来终觉浅，绝知此事要躬行。"古人早已领悟到实践对于增进理解的重要性。当前，孩子缺少动手实践的机会，反而影响了他们对所学知识的理解。例如，一个孩子若只通过书本了解力学，他可能会对力的作用方式、力的单位、牛顿定律等内容懵懵懂懂。但是，通过做物理实验，解决真实的力学问题，他就能深入地理解这些内容及其在现实中的意义。生物学习同样如此。孩子可以通过书本了解细胞的结构和功能、人体器官的特点，甚至是神经系统的运行方式。他们再在实验室中实际观察这些现象，如通过显微镜观察细胞，或者通过解剖来了解器官的结构，无疑将加深对这些知识的理解。

将所学内容讲述出来

这一策略与费曼学习法的精髓一致，即学习者以通俗易懂的语言把所学内容讲述出来，让八十岁的老年人和八岁孩童都能听明白。费曼学习法通常包括以下4个步骤。

第一步：制订学习目标。 明确要学习的知识点，收集相关资料。

第二步：开口讲述。 想象听众是一个小孩或老年人，讲述内容应让对方完全听懂。

第三步：查漏补缺。 描述不清楚内容，说明尚未真正理解该内容，需要回到内容本身，再学习、思考、探究，直到能流利地将内容讲述出来为止。

第四步：简化语言。不要用专业术语、复杂的理论讲述内容，语言应简单化，尝试用比喻、类比等修辞方法做生动讲解。

完成了以上 4 个步骤说明学习者对知识的理解已到位。这一理解策略尤其适用于抽象概念的学习。

适当放慢阅读速度，增加深度理解

在学习难度较高的概念、理论，或精读名家名作时，学习者需要放慢阅读速度。阅读速度成为影响理解程度的关键因素。慢读是深度理解的前提。甚至有时，学习者可以一遍遍重读内容，这也是增加深度理解的一个有效的方法。费曼当年就曾建议她的妹妹琼·费曼（Joan Feyman）用回读法阅读一本大学天文学教科书。

琼·费曼是一位杰出的天文学家。她在去世前一年曾接受媒体采访，回忆道："在我过可能是十二岁或十三岁的生日时，我的哥哥在回学校前留下了一本书。我看到了，就把它捡了起来。我打开它，上面写有我的名字，并祝我生日快乐。这是一本关于天文学的书。我之后问他怎么读这本很难的书。他说这很容易，从头开始读，读到不理解之处，再从头开始读，一直读到不理解之处，便会发现自己有进步了，请保持下去，继续前进，直到自己能理解整本书为止。我一直按照这样的方法做，至今我还保留着这本书。"

从上面的故事中，我们可以知道"没有理解，就无须继续学习。有时候，慢，就是快"。

建立知识库，学会深度理解

你尝试过攀岩吗？无论山有多高、岩壁有多陡，只要用手脚找到支撑点，你就可以不断地向上攀爬。这个过程与理解很像。当我们试着去弄懂一个抽象的概念、理论或一段复杂的话时,大脑要尽可能地回忆(调取)与之相关的先验知识和经验,并积极揣测、推理。这样,我们就会距真正理解抽象的概念、理论或一段复杂的话近了一步,又近了一步。

学得越多大脑越乱是怎么回事

大脑准确而全面地调取先验知识是非常关键的。就像是人在图书馆里寻找要借阅的书一样,大脑要在知识库中搜索所需的知识。如果大脑中存储的知识库杂乱无章,我们便会觉得学得越多大脑越乱。我的学生文博在学习高中生物时就遇到了这样的问题。

文博本是一名学习高手,就读于北京某知名中学。他思维敏捷,逻辑清晰,非常自信。上了高二,生物却意外地成了他的"短板":其他科目他基本能考满分的95%左右,而生物只能考满分的60%~70%。文博妈妈感到再不帮孩子提高生物成绩,冲刺清华北大的希望就渺茫了,便带着他找到了我。

"文博,你在生物学习上遇到了什么困难?"我问。

"感觉越学越糊涂,生物的知识点太多、太细碎了。"文博回答。

"你是怎么背这些知识点的呢?"我又问。

"就是看书、看笔记,把圈画了重点的、老师强调过的内容,一条一条地努力记呗。"

"听说你的其他学科成绩都很棒,你觉得自己比较擅长学哪些学科?"之所以如此发问，我想了解文博的优势学科以及他在优势学科上的学习方式。

"我觉得是数学和物理。这两科内容都非常清晰，如数学的函数就包含一次/二次函数、指数对数函数、三角函数几大块内容，物理主要是力学、热学、电学、光学等。学数学和物理时要记忆的公式不多，能在题目中灵活应用公式就行。可是生物就很不一样。我虽然花时间背了很多知识点，却感觉越学越晕。"文博一边说，一边皱着眉摇摇头。

像文博这样的学生不在少数，他们学数理化都学得很好，但是高中遇到生物后，突然不知道该怎么学生物了。这究竟是什么原因呢？与数理化相比，生物突出的特点在于知识点多而细碎，这就对学生在组织和管理自己的知识库方面提出了更高的要求。

通常来说，学生的知识库大体可以分为3种状态（见图2-2）。第一种是点状结构：知识点独立而散乱，彼此之间没有联系；第二种是直线结构：一些知识点之间有松散的联系，一些知识点之间又相互独立，尚未建立紧密相关的网状联系，也没有层次结构；第三种是树状或网状结构：知识点之间以一定的语义或逻辑关系建立起层次鲜明的联系，或成树状结构，或成网状结构。

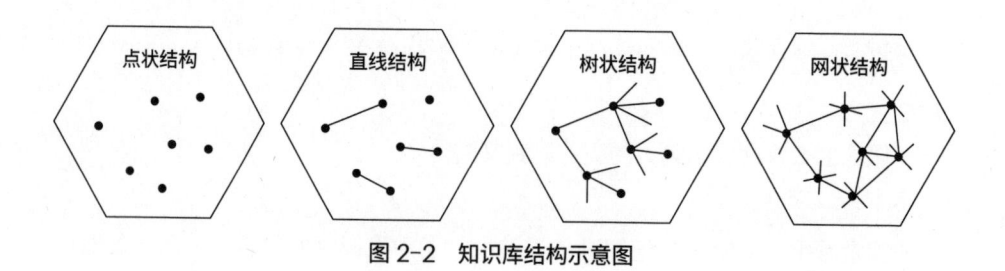

图2-2 知识库结构示意图

文博的生物知识库大概处于第一种或第二种状态。他对知识点的理解相对浅显，尚未在知识点之间建立有逻辑、有层次的联系，所以难以快速地从一个知识点联想到另一个知识点，感到越学越乱。他的数学知识库和物理知识库就非常强大了。他能很清晰地说出某个知识板块的结构和内容，这说明数学知识库和物理知识库呈现树状或网状形式。显然，这两个知识库不是文博刻意为之的，大概是在长期的练习和反思总结中自然形成的。文博并没有将这种能力迁移到生物学习上。可见，文博的根本问题在于他并没有掌握建立高效知识库的方法。

"学霸"的高效知识库

该如何管理大脑中的知识库？什么是高效的知识库？我们调研了清华大学的学生，发现他们的知识库具有良好的结构，并具有以下4个特征。

关联性： 知识点之间不是彼此隔绝的，而是存在着某种联系，这种联系可能是横向的，也可能是纵向的。因为这些联系让众多的知识点形成了一个知识网络，所以学习高手能快速地从一个知识点想到另一个知识点，从一个知识板块想到另一个知识板块。可以说，只要给他们一点提示，他们的大脑就能激活知识群。

层次性： 知识点是被分类、分层记忆的，而不是被放在同一个层次上记忆的。学习高手通常会将知识点分类、分层地存储在大脑中。这让他们能更清晰地把握知识点之间的关系，并深化对具体知识点的理解。在需要提取知识点时，大脑能快速检索。我们以1789年巴黎人民起义这个知识点为例来说明知识库的层次性。巴黎人民起义是法国确立共和体制的一个重要历史事件，拉开了法国大革命的序幕，推翻了波旁王朝，推动了法兰西第一共和国的成立。所以，巴黎人民起义与法国确立共和体制、法兰西第一共和国、法国大革命3个知识点紧密相关，具有层次关系（见图2-3）。

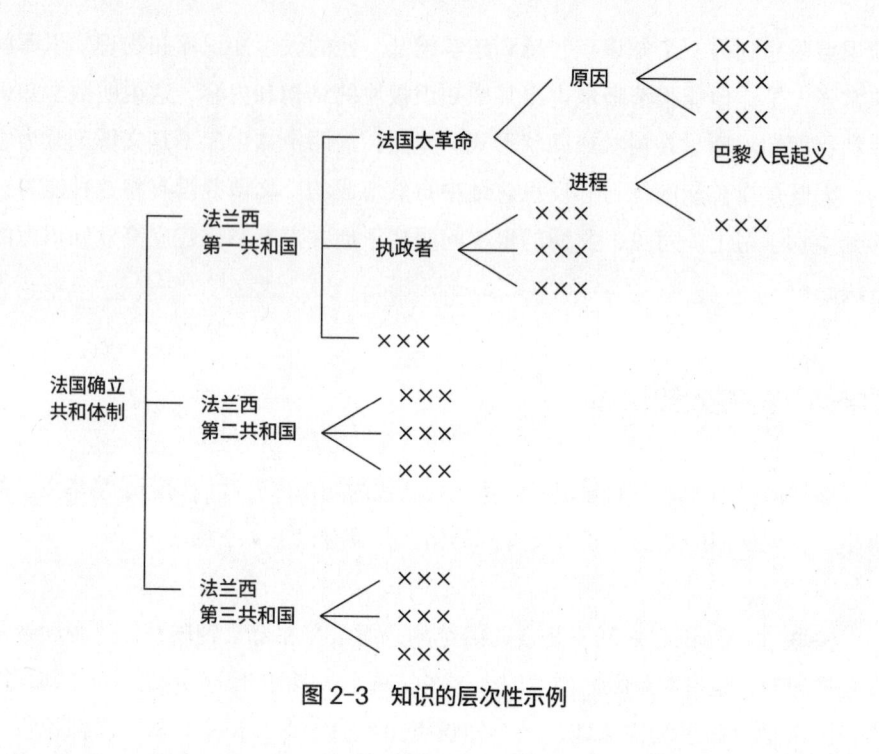

```
                              ┌─ 原因 ──┬─ ×××
                              │         ├─ ×××
                    ┌─ 法国大革命 ─┤         └─ ×××
                    │         │         ┌─ 巴黎人民起义
                    │         └─ 进程 ──┴─ ×××
          ┌─ 法兰西  ─┤         ┌─ ×××
          │ 第一共和国 ├─ 执政者 ─┼─ ×××
          │         │         └─ ×××
          │         └─ ×××
法国确立    │         ┌─ ×××
共和体制 ──┼─ 法兰西  ─┼─ ×××
          │ 第二共和国 └─ ×××
          │
          │         ┌─ ×××
          └─ 法兰西  ─┼─ ×××
            第三共和国 └─ ×××
```

图 2-3 知识的层次性示例

系统性： 在关联性和层次性的基础上，构建起某个知识集群的完整体系，在分散的知识点之间形成清晰的框架。

发展性： 知识体系不是封闭的，具有一定的开放性和灵活性。学习高手在接触新知识时，能有效地将新知识与原有知识体系建立联系，这样知识体系就像树一样不断地生长、扩展。例如，在学习细胞知识后，可以将组成细胞的元素和组成细胞的化合物构建起如图 2-4 所示的知识体系；在学习蛋白质后，再将与蛋白质相关的知识纳入原有的知识体系中（见图 2-4）。

正因为学习高手的知识库具有以上特征，使得他们在理解新知识时可以快速调用相关的旧知识，在解题时能准确回忆起有关的知识点。这也使他们表现出过人的理解力和记忆力，能更好地完成学习、解决问题、进行创新。

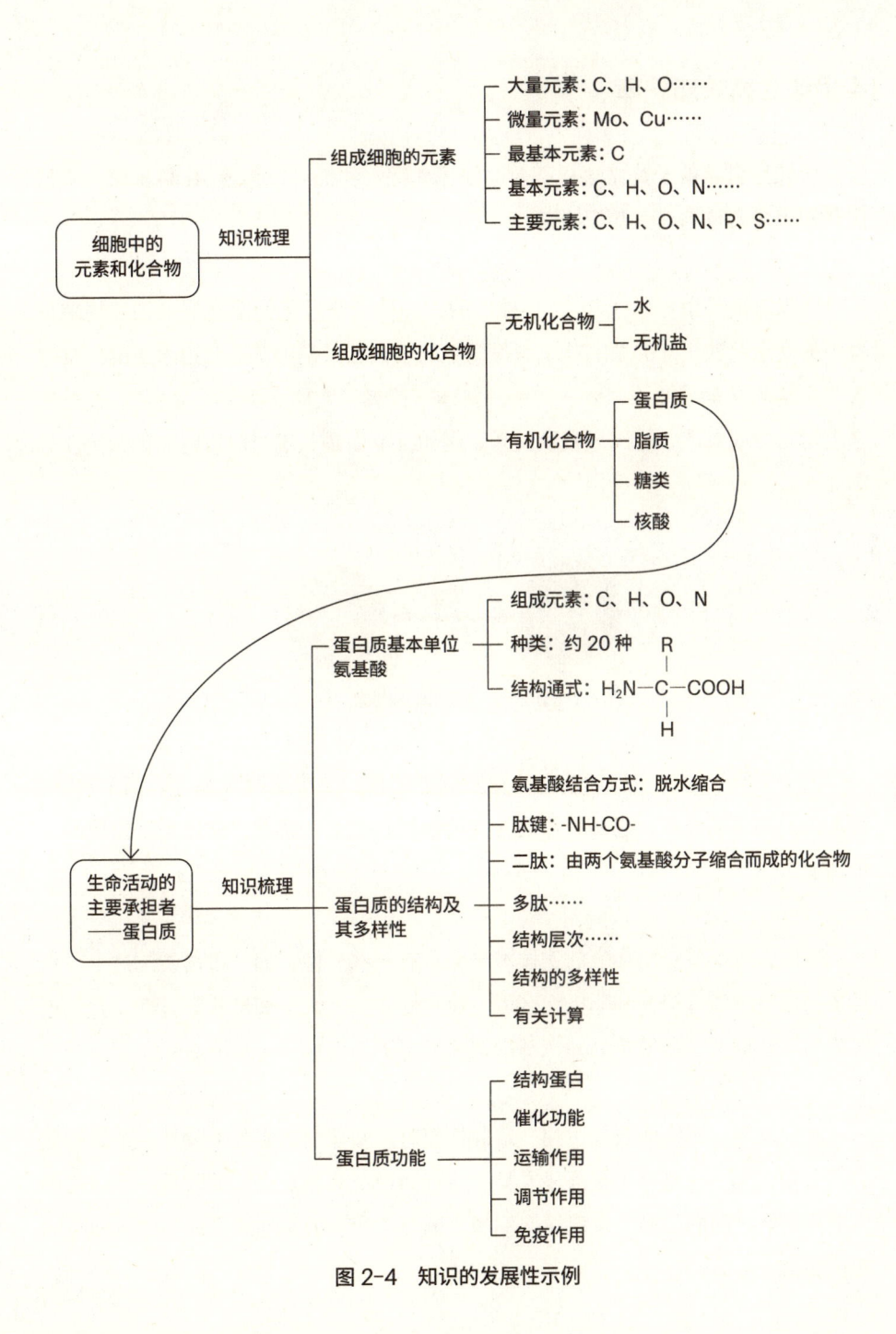

第 2 章 语义解析：构建完整知识图谱，理解准确

```
                                    ┌─ 大量元素：C、H、O……
                                    ├─ 微量元素：Mo、Cu……
                    ┌─ 组成细胞的元素 ─┼─ 最基本元素：C
                    │                ├─ 基本元素：C、H、O、N……
细胞中的      知识梳理 │                └─ 主要元素：C、H、O、N、P、S……
元素和化合物 ──────┤
                    │                                ┌─ 水
                    │                ┌─ 无机化合物 ──┤
                    │                │                └─ 无机盐
                    └─ 组成细胞的化合物┤
                                     │                ┌─ 蛋白质
                                     │                ├─ 脂质
                                     └─ 有机化合物 ──┤
                                                      ├─ 糖类
                                                      └─ 核酸


                                   ┌─ 组成元素：C、H、O、N
                    ┌─ 蛋白质基本单位 │                                  R
                    │   氨基酸      ├─ 种类：约 20 种                    |
                    │               └─ 结构通式：H₂N─C─COOH
                    │                                                  |
                    │                                                  H
                    │
                    │                ┌─ 氨基酸结合方式：脱水缩合
生命活动的    知识梳理 │                ├─ 肽键：-NH-CO-
主要承担者 ────────┤                ├─ 二肽：由两个氨基酸分子缩合而成的化合物
——蛋白质           ├─ 蛋白质的结构及 ┼─ 多肽……
                    │   其多样性     ├─ 结构层次……
                    │                ├─ 结构的多样性
                    │                └─ 有关计算
                    │
                    │                ┌─ 结构蛋白
                    │                ├─ 催化功能
                    └─ 蛋白质功能 ───┼─ 运输作用
                                     ├─ 调节作用
                                     └─ 免疫作用
```

图 2-4　知识的发展性示例

4 步建立高效知识库

该如何引导孩子建立这样高效的知识库呢？我们可以借鉴 AI 科学家为机器优化知识库的技术——知识图谱。

知识图谱是由谷歌于 2012 年提出的，一种用符号化的图模型来描述物理世界中的概念及其相互关系的技术。最简单的知识图谱是由节点和边组成的，其包含 3 个基本元素，即"实体—关系—实体"或者"实体—关系—属性"。节点用来表示实体或属性，边用来表示关系。例如，下面是关于蛋白质的知识图谱（见图 2-5）。

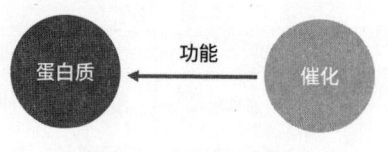

图 2-5　最简知识图谱

图 2-5 所示的是一种最基本的知识图谱结构：两个圆圈分别代表两个实体，箭头表示两者的关系，它所表达的含义转换为自然语言就是"催化是蛋白质的一个功能"。

当然，每个节点所代表的实体本身会具有一些属性，如"蛋白质"这个节点具备两性电解质、极性和非极性区域、稳定性、分子大小和形状等属性。我们把实体的属性加上，最简单的知识图谱就变成了下面的样子（见图 2-6）。

我们发现，当实体数量达到一定的规模时，知识图谱实际上就是一个结构化的语义知识库。它可以用来描述人类的所有知识及其相互之间的联系，可以用来为世界万物之间的关联关系建模。例如，图 2-7 所示的是地理学科中"水圈"的知识图谱。

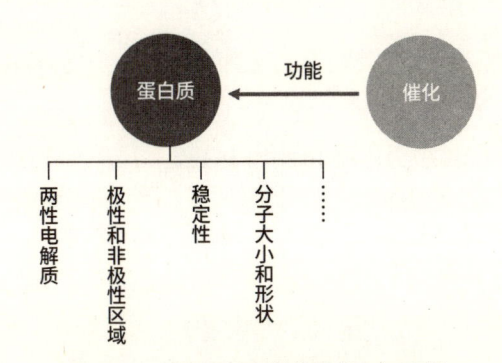

第 2 章 语义解析：构建完整知识图谱，理解准确

图 2-6 带有实体属性的最简知识图谱

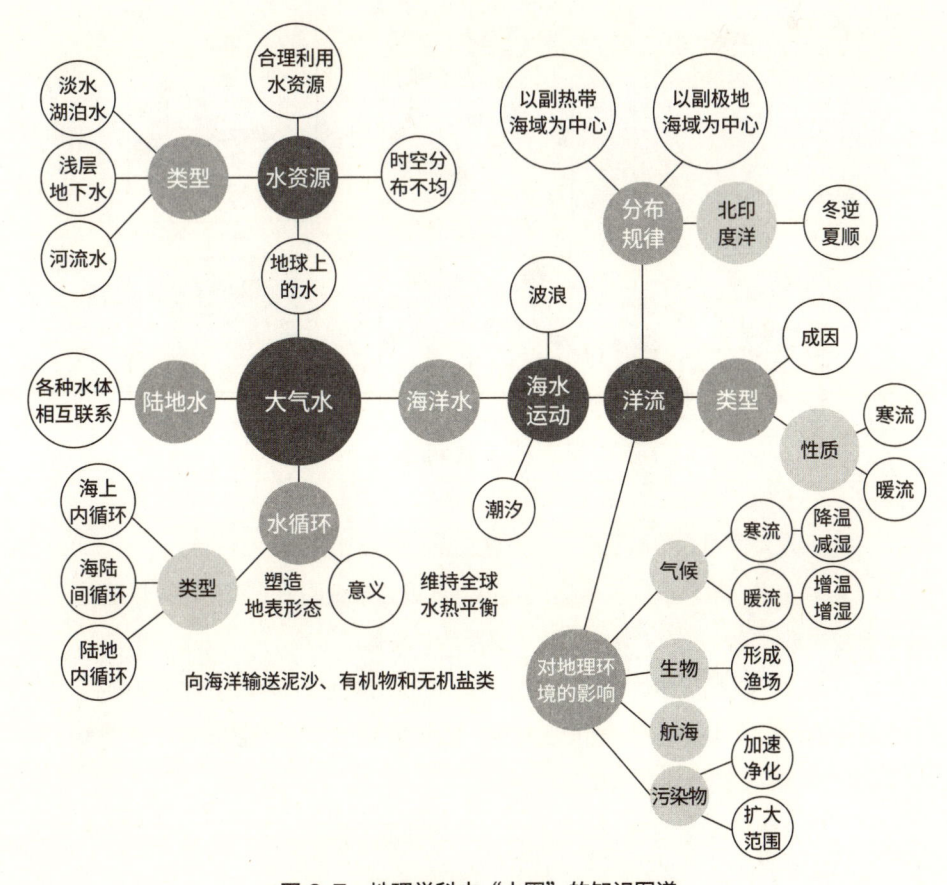

图 2-7 地理学科中"水圈"的知识图谱

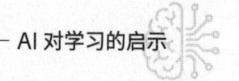

知识图谱的构建

人类的大脑并没有天然形成自动"整理"知识的能力。孩子学到的知识多得像天上的星星一样，散布在大脑中（见图 2-8）。我们可以借鉴知识图谱的模式，而不是真的应用 AI 的知识图谱技术，来引导孩子组织、整理所学知识，让大脑中的知识库具有结构化、图示化、体系化的特点。

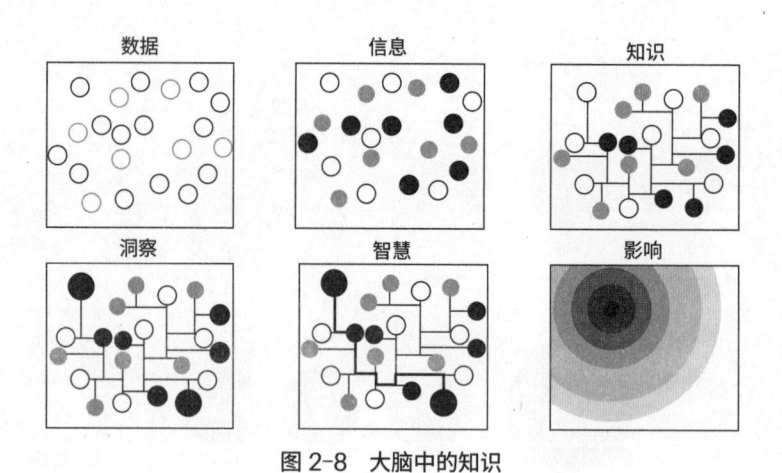

图 2-8 大脑中的知识

AI 是如何建立知识图谱的呢？这主要包括 5 个步骤。

第 1 步，构建模式。根据目标和需求设计知识图谱的模式，可以是基于逻辑规则的、基于本体的或基于流程的，等等。

第 2 步，概念本体设计。这是对领域知识的抽象和组织，包括明确所涉及的领域实体（如人、地点、事件、物品等）、定义实体的属性、定义实体间的关系、设计本体结构。

第 3 步，信息抽取。从多种类型的数据源中提取出实体、属性以及实体间的关系，在此基础上形成本体化的知识表达。

第 4 步，知识融合。在获得新知识之后，对表示相同概念的实体进行合并，以消除矛盾和歧义。

第 5 步，知识计算。对于经过融合的新知识，需要经过质量评估之后才能将其纳入知识库中。

Reshape Your Learning System

仿照 AI 建立知识图谱的 5 个步骤，我们可以引导孩子按 4 个步骤建立自己的知识图谱。具体步骤如下。

第 1 步，确定构建知识图谱的模式，这一步类似 AI 的建构模式。在学习中，孩子可以用概念图、流程图、时间轴图和表格结构图等方式来组织知识。其中，概念图适合梳理已学过的概念，建立概念之间的联系；流程图适合梳理解决问题的步骤（如英语完形填空的解题步骤、语文的写作步骤等），能很好地将问题解决程序化；时间轴图是将时间先后顺序与对应事件建立联系的一种图谱，常用于历史知识的总结，也可以用于各科知识发展史的总结，如物理学史时间轴图；表格结构图是一种以二维矩阵方式呈现的图谱，尤其适合比较易混的概念、原理，如化学中氧化钠与过氧化钠的区别，生物里真核细胞与原核细胞的比较等。

第 2 步，明确所要整理知识的范围，这一步类似 AI 的概念本体设计。孩子需要明确知识点属于哪个学科，涉及了哪些概念，概念的属性和概念之间的关系，并采用规范的方式进行表述。

第 3 步，抽取知识，类似 AI 的信息抽取。孩子主要从教材、教辅资料中选取要整理的知识点及其相关的概念、属性等信息。

第 4 步，查漏补缺，类似 AI 的知识计算。孩子通过解题发现自己的知识盲点，将没有搞清楚的知识点及知识点之间的关系，补充到已经整理的知识图谱中，不断完善知识图谱。

你还记得前文提到的文博吗？我按照上述4个步骤帮助他改善了学习生物的方式。我们差不多用了一周的时间一起绘制了基因板块的知识图谱（见图2-9）。绘制完成后，文博好似突然开了窍，兴奋地告诉我他知道该怎么学习生物了。紧接着，他自己又整理了生物中其他板块的知识图谱。功夫不负有心人。在高二的一次期末考试中，他的生物成绩达到了93分。知识图谱就是如此"神奇"！

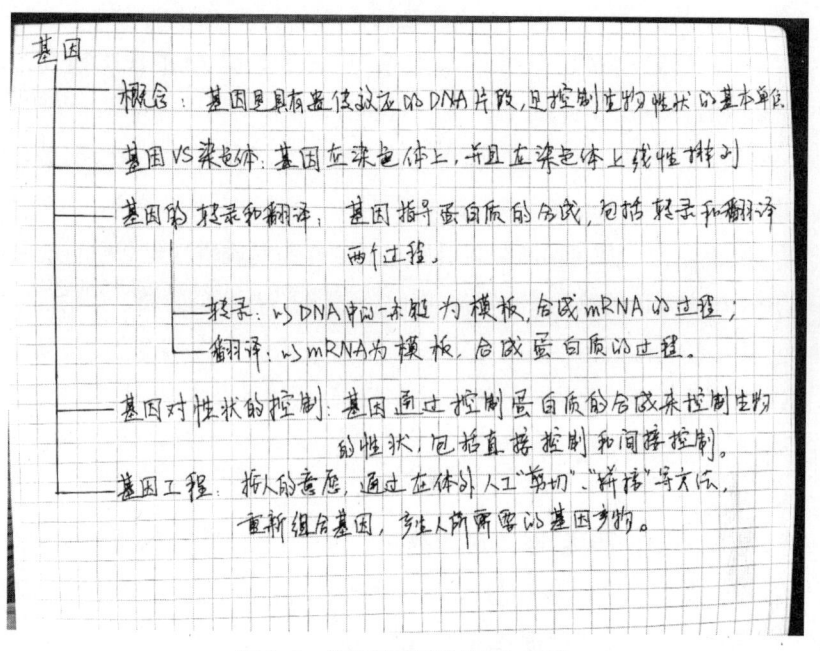

图2-9　生物基因板块的知识图谱

记忆训练，把知识记得更牢

无论是AI，还是人类，要想具备分析、推理、综合，以及解决真实问题这些高级技能，都要以知识为基础。知识是通过记忆系统实现存储和提取的。除了知识，记忆系统还会存储图像、情境、情绪、肌肉经验等信息。在语义解析模块，记忆能为理解提供先验知识和经验，经过理解而习得的新知识又会进入记忆（见图 2-10）。离开了记忆，学习便无从谈起，更别说掌握技能和培养能力了。

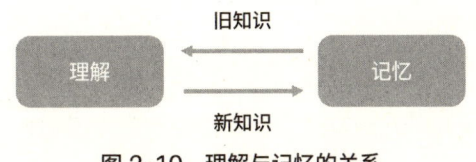

图 2-10　理解与记忆的关系

为什么死记硬背帮不了你

现实中，由于记忆"报错"而导致的学习问题比比皆是：有些孩子要在背诵上耗费很多时间，有些孩子虽然记得快但忘得也快；有些孩子总也记不住英语单词，有些孩子则常常记混理科公式；有些孩子在面对需大段背诵的文字或大量的知识点时，常常感到无从下手，不知道该如何背诵；有些孩子平时记忆很好，但考试时却总想不起来。

这些现象其实都是由于孩子不了解人类的记忆规律，没有掌握正确的记忆策略而导致的。教育心理学、认知心理学，以及近些年兴起的脑科学都对人类的记忆进行了深入的研究。

在教育心理学中，记忆包括"记"和"忆"两个方面。"记"涉及识记和保持信息，即从没记住到记住、再到长时间记住的过程；"忆"指再认和回忆信息，再认是看到信息能辨认出来，回忆则是单纯从大脑中提取已存储的信息。认知心理学将人类的记忆过程视为信息的编码、存储、提取，分为感觉记忆、工作记忆（短时记忆）和长时记忆 3 个阶段（认知心理学记忆认知加工的三阶段理论）。刺激信息经过感觉记忆加工，才有可能进入工作记忆，再经过工作记忆加工后，才有可能进入长时记忆。

在学习中，孩子可能由于记忆过程中的任一环节遇到问题而导致记忆错误。下面，我们以认知心理学记忆认知加工的三阶段理论为依据，谈谈人脑记忆的规律、局限以及应对策略。

感觉记忆：视听配合不易错

想象一下，你正坐在椅子上读书，眼睛一行行地扫描着书上的文字。同时，你能隐隐约约感觉到周围的动静：听得见翻书的声音，感觉得到洒在身上的阳光的温暖，还闻到了从厨房传来的早餐香味……在你阅读时，所有这些感觉都是存在的，只是由于你非常专注于读书，而几乎没有意识到它们的存在。如果这时电话铃声突然响起，你会抬起头来去接电话。在这个过程中，你虽然在专心读书，但也随时都能意识到周围的环境变化，这是因为感觉记忆暂时保存了你接收到的外界刺激。

感觉记忆是记忆的第一个阶段，它是对感知觉的记录，又叫作感觉登记。感觉记忆信息的保存时间是非常短的。几乎进入感官的所有信息都会被登记，所以感觉记忆能存储较大量的信息。但是，这些信息都处于未经加工的原始状态，如果不予注意，它们很快就消失了。视觉记忆的保持时间约为 0.25～1 秒；听觉记忆的保持时间约为 2～4 秒。你发现了吗？听觉记忆保持时间是视觉记忆保持时间的 2～16 倍。我们在前文提到，审题时能默读的学生收集识别信息不容易出错，这与听觉记忆保持时间长于视觉记忆保持时间也有重要的关系。

感觉记忆的容量非常大。我们恰恰可以利用感觉记忆的这一特点，引导学生在感觉记忆阶段收集更多的信息。例如，有的孩子在抄写英文句子时，看一个字母，写一个字母，结果便是抄完一个句子，没留下任何印象；有的孩子抄写语文课文段落，看一个词语，写一个词语，结果即便是抄写完整段内容，对其中的好句、段落结构完全没有认知。对此，我们可以根据孩子的学习程度，引导他们从看全一个词语到看全一个句子，然后再做抄写。这样才能通过抄写逐渐强化他们对词语、句子乃至段落的理解和记忆。

工作记忆：善用工具超越大脑局限

一旦我们关注了感觉记忆信息，这些信息就会转移到工作记忆中。人的工作记忆就好像是计算机的内存。计算机用硬盘存储数据，用CPU来处理数据，而内存则是硬盘和CPU的中转站，临时保存供CPU处理的各种数据。打开的视频文件迟迟不能播放，正在编辑的演示文稿文件卡住不动，这都是因为内存容量不足，此时，CPU要等待数据存入内存再进行处理。同样地，当你的大脑因一道题目"卡壳"，或总也记不住一段文字时，你的大脑内存——工作记忆很可能"超载"了。

与计算机的内存相比，人的工作记忆容量非常非常小，只有"7±2"个单元。"7±2"个单元意味着什么？请看下面随机的两组数字：

组1：63479；

组2：3759210468。

尝试记忆这两组数字，你会发现记住组1比较容易，记住组2则要花很长时间，还容易出错。这是因为组1只包含5个数字，在人的工作记忆容量之内；组2则包含10个数字，超出了人的工作记忆容量。

工作记忆不仅容量有限，保持时间也很短，只有30秒左右。当大量信息扑面而来时，旧的信息可能还未被有效加工，便被新的信息挤掉了。所以，当一道题目信息量较大、概念较多、语言结构复杂时，你会感到很难理清已知条件之间的关系。你总是希望大脑记住所有的信息，然后在大脑中构建出题目的完整面目，但是工作记忆却无法承担这样的重任。

由此可见，工作记忆的特性为人类学习设置了天然的局限性：做事容易走神，大脑出现卡顿导致难以理解语法结构复杂的句子，无法快速记忆大量的单词，影响计算速度和数学推理能力……[①] 有没有办法应对这一天然局限性呢？

我们还是先来看看计算机是如何做的吧。计算机同样要面对内存不足的问题（尽管目前内存普遍达到 8G 以上），虚拟内存技术为其提供了一种很好的解决方案。虚拟内存技术的工作原理是，当程序需要访问的内存超出物理内存容量时，操作系统会将数据暂时存储到硬盘上，然后在需要时将数据重新加载到内存中，供 CPU 进行处理。

我们能不能给大脑配个"虚拟内存"呢？当然可以。草稿纸就是一种实惠又便捷的大脑"虚拟内存"。在解答一道复杂的数学题时，我们将题目中的已知条件和有关的公式都一一列写在草稿纸上，就不需要工作记忆存储这些信息了。被腾空的工作记忆可以用来存储对已知条件和公式间关系的理解、判断、推理而产生的信息，从而加快解题进程。此外，将任务以清单的形式写在纸上，将要记忆的知识点逐一写在卡片上，把作文要写的内容一一列出来……这些做法都是在发挥草稿纸的"虚拟内存"功能，让我们的大脑有更多空间去思考。

长时记忆：对抗遗忘有妙招

记忆的最后一个阶段是长时记忆，它指存储时间超过一分钟的记忆。这类记

[①] 焦典. 重塑学习：元认知潜能的聚变与升维 [M]. 北京：电子工业出版社，2021.

忆通常能在大脑中持续多年甚至终生。理论上，长时记忆的容量是无限的。我们常说的记忆力好、记住没记住，都是指长时记忆。我们背诵知识的主要目的也是为了让知识能进入长时记忆，最好终生不忘。然而，遗忘却是人类大脑的天性，它总是发生。

遗忘通常包含两种情况：第一种是信息在长时记忆中保持的时间不够长，大脑很快忘记了背诵内容；第二种是信息虽然被保留在长时记忆中，但却不能被有效地提取出来。让人感到非常沮丧的学习莫过于辛辛苦苦地背诵下来的内容，没过几天便忘记了。怎么能实现背而不忘呢？

对此，学者们认为信息由工作记忆"送入"长时记忆的方式很重要，为此开展了很多项实验研究，如卡图纳（George Katona）意义识记和机械识记对比实验、巴尼特（Jeffrey E. Barnett）3种听课方法效果实验、基于弗拉维尔（John Hurley Flavell）"精细加工"和奥苏贝尔（David Pawl Ausubel）"先行组织者"理论的英语词汇教学实验等。

学习的科学

巴尼特3种听课方法效果实验

心理学家巴尼特曾经通过实验研究比较了3种听课方法的效果。他将被试分为A、B、C三组。A组学生在听课的同时自行摘录要点；B组学生在听课时仅查看预先提供的摘录，不亲自动手摘录要点；C组学生仅聆听课程，不进行任何摘录。被试完成课程学习后，马上进行第一次回忆测试。回忆测试之后，研究者让被试复习课程内容。在复习过程中，研究者鼓励被试使用摘录、记笔记等学习方法，随后对被试进行了第二次回忆测试。

实验结果表明，第一次回忆测试，A组学生取得的效果最好，B组学生次之，C 组学生最差。第二次回忆测试，B 组学生和 C 组学生表现出明显的进步，A 组学生的进步则不明显。为什么会这样呢？因为 A 组学生在第一次学习时就使用了有效的策略，所以在第一次回忆测试中表现最好，第二次回忆测试则进步不大。B、C 组学生因为第一次学习策略不当，所以测试效果并不好，在复习时改变了学习策略，才有了明显进步。

研究发现，在识记阶段，如果大脑能对学习材料进行精细加工，就会极大地提高记忆效果。精细加工是一种将新学知识与大脑中已有知识联系起来从而增加新信息意义的深层加工策略。经过精细加工，学习者对工作记忆中的信息，不是"拍照式"或"复印式"地简单存储，而是将其进行深度编码后存入了长时记忆。

精细加工包括内容深加工和关系深加工。内容深加工指的是对学习内容（如需要记忆的课文或者某个知识点）进行深度加工。常用的内容深加工方法有两种：一种是对记忆内容进行拆解、细化，搞清楚每个小细节的含义；另一种是对记忆材料进行形象化、结构化加工，如用图形或图表"翻译"。关系深加工指的是建立知识点与知识点、记忆内容与记忆内容之间的关系。绘制知识图谱就是一种对知识点间的关系进行深度加工的方法。

此外，学习者及时复习才能确保信息被记得更持久。德国心理学家艾宾浩斯通过自创的无意义音节研究遗忘规律，揭示了遗忘过程遵循着先快后慢的规律。该规律以一条简洁的曲线来呈现，这就是著名的艾宾浩斯遗忘曲线[1]（见图 2-11）。

---

[1] 艾宾浩斯遗忘曲线表明，学习 20 分钟后遗忘率约为 41.8%，6 天后约为 74.6%，而 31 天后约为 78.9%。

第 2 章 语义解析：构建完整知识图谱，理解准确

图 2-11 艾宾浩斯遗忘曲线

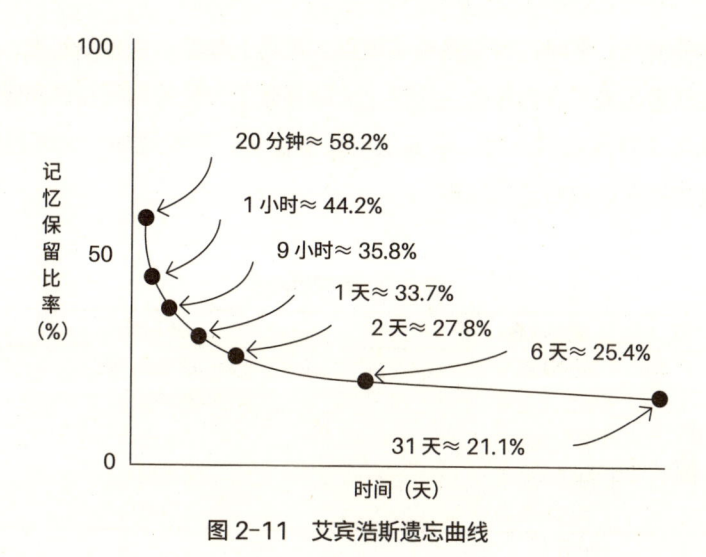

为了对抗遗忘，我们需要适时地安排复习计划。具体应该如何做呢？这其实是要根据学习的内容和个人实际情况而定的。在这里，我根据自己多年的学习和教学经验，为学生提供一些参考建议：

- 每节课结束后，课间花费 1～2 分钟简单地在大脑中回顾上节课的核心内容。
- 每天晚上临睡前，可以尝试"播放电影法"，快速地在大脑中回忆当天所学的主要知识点。需要注意的是：不必回忆细节，否则可能会影响睡眠。
- 每个周末复习本周各科所学内容，简单回顾上一周所学内容。
- 每个月初要对上月所学内容进行复习。

战胜遗忘的复习节奏可见表 2-3。

解决了第一种情况，我们再来看第二种情况：记忆提取失败问题。一些孩子

会遇到这种情况：平时记得很熟的知识点，考场上却怎么也想不起来，反而一出考场就突然想起来了。为什么会这样？大脑存储了大量的先验知识和经验，当回忆或再认某个具体知识点时，需要依据线索检索，否则就如"大海捞针一样"，无法快速找到并提取对应的知识。

表 2-3 复习时间表

复习次数	复习时间
第一次复习	课程结束后
第二次复习	当天晚上
第三次复习	1周后
第四次复习	2周后
第五次复习	1个月后

我们可以仿照计算机提取信息的方法，即设置"查找指针"，方便记忆及检索。

例如，在指导背诵《春江花月夜》时，我会让孩子在每句诗中选择一个关键词（关键词不仅能反映诗句的主要内容，也能提示该句与前后句之间的联系）。例如，孩子选"春江"作为第一句的关键词，正好下一句也有"春江"这个词；选"江流"作为第三句的关键词，与下一句的关键词"流霜"都有一个"流"字；"江天""江畔""人生""何人"分别为第五句、第六句、第七句、第八句的关键词。这些关键词就好似"查找指针"。

孩子在背诵的时候应特别注意关键词；回忆诗句时，也以此为线索。按照这种方式，再长的诗也难不倒孩子了。

春江花月夜（节选）

（1）春江潮水连海平，海上明月共潮生。
滟滟随波千万里，何处春江无月明！

（2）<u>江流</u>宛转绕芳甸，月照花林皆似霰；
空里<u>流霜</u>不觉飞，汀上白沙看不见。
（3）<u>江天</u>一色无纤尘，皎皎空中孤月轮。
<u>江畔</u>何人初见月？江月何年初照人？
（4）<u>人生</u>代代无穷已，江月年年望相似。
不知江月待<u>何人</u>，但见长江送流水。

以上就是3个记忆阶段的特点及学习者的应对策略。读到这里，你是否对曾经困扰自己的记忆问题感到豁然开朗，甚至暗想"拥有超级记忆力也不是什么难事"？没错，大脑记忆遵从着固定的规律，只要采取得当的方法和策略，通过坚持不懈地刻意练习，人人都能成为记忆高手！

本章回顾

要点

信息被收集识别后，便进入语义解析阶段，这主要涉及理解和记忆两个心理过程。孩子理解出错主要有3个原因：解读信息本身计算失败、没有成功调取所需的先验知识和经验、没有进行推理和预测。此外，孩子的知识库形态也会影响他对知识的理解程度。学习中的记忆问题主要是没有按照记忆规律采取正确策略导致的。

方法

- 提升理解的6个策略：变被动理解为主动理解、预处理文本、完善知识库、在实践中运用知识、将所学内容讲述出来、适当放慢阅读速度。
- 4个步骤帮孩子建立知识图谱：确定构建知识图谱的模式、明确所要整理知识的范围、提取知识、查漏补缺。
- 增强感觉记忆：视听配合。
- 提高工作记忆：用草稿纸为大脑配备"虚拟内存"。
- 强化长时记忆：按"内容深加工"和"关系深加工"识记内容；及时复习，对抗遗忘；识记时设置"查找指针"，方便提取。

拓展阅读
Reshape Your Learning System

学习中常用的知识图谱模式

概念图是一种用节点代表概念，连线表示概念间关系的图示法。这种图示法的理论基础是奥苏贝尔（Ausubel）的学习理论。该理论认为知识的构建开始于通过已有的概念对事物进行观察和认识。学习就是建立一个概念网络且不断地向概念网络增添新内容的过程。为了使学习有意义，学习者必须把新知识和已有的概念联系起来。依据概念关系，概念图常以树状图和网状图的形式呈现（见图2-12、图2-13）。

流程图是一种用特定的图形符号表示程序、步骤的图形化方法。它能够清晰地展示过程中的各个步骤，以及这些步骤之间的关系和顺序。流程图通常包括各种形状的图形块，如矩形、椭圆形、菱形等，以及箭头等连接符号。每个图形块代表一个特定的步骤、决策或条件，通过箭头连接各个图形块来表示流程的流向（见图2-14）。历史选择题解题程序：审题干→配选项→调史实→推逻辑→判范围→得最优。

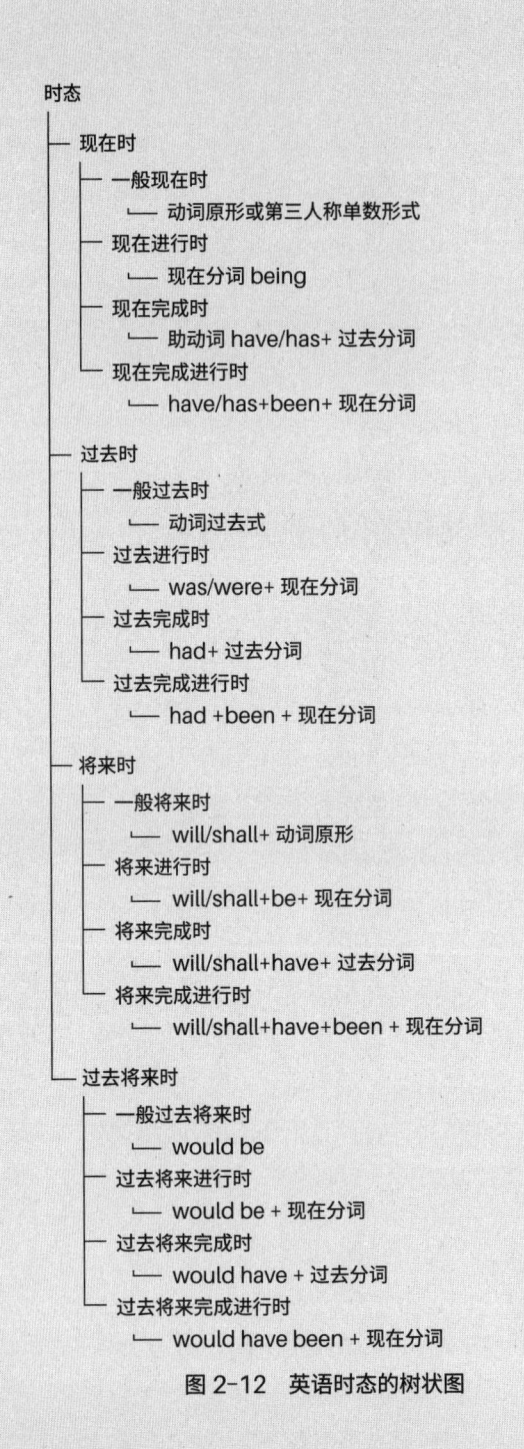

- 时态
  - 现在时
    - 一般现在时
      - 动词原形或第三人称单数形式
    - 现在进行时
      - 现在分词 being
    - 现在完成时
      - 助动词 have/has+ 过去分词
    - 现在完成进行时
      - have/has+been+ 现在分词
  - 过去时
    - 一般过去时
      - 动词过去式
    - 过去进行时
      - was/were+ 现在分词
    - 过去完成时
      - had+ 过去分词
    - 过去完成进行时
      - had +been + 现在分词
  - 将来时
    - 一般将来时
      - will/shall+ 动词原形
    - 将来进行时
      - will/shall+be+ 现在分词
    - 将来完成时
      - will/shall+have+ 过去分词
    - 将来完成进行时
      - will/shall+have+been + 现在分词
  - 过去将来时
    - 一般过去将来时
      - would be
    - 过去将来进行时
      - would be + 现在分词
    - 过去将来完成时
      - would have + 过去分词
    - 过去将来完成进行时
      - would have been + 现在分词

图 2-12　英语时态的树状图

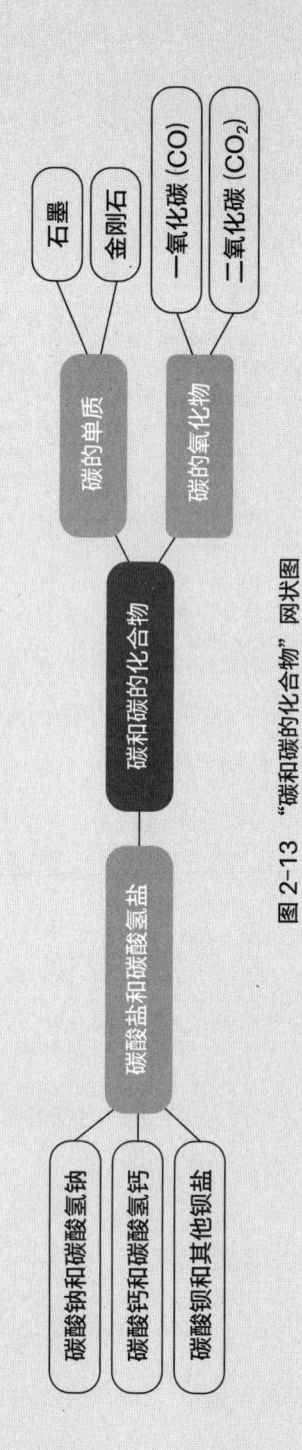

第 2 章 语义解析：构建完整知识图谱，理解准确

图 2-13 "碳和碳的化合物"网状图

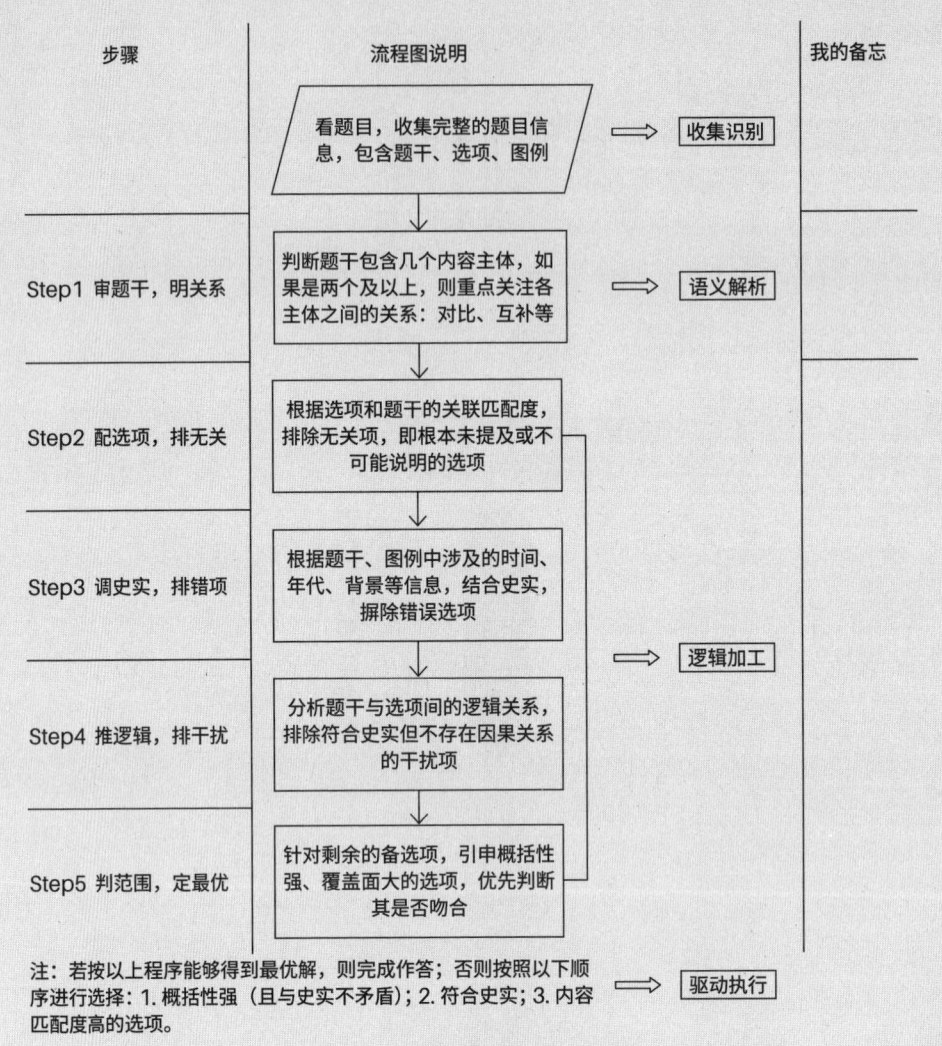

步骤	流程图说明	我的备忘
	看题目，收集完整的题目信息，包含题干、选项、图例 ⇒ 收集识别	
Step1 审题干，明关系	判断题干包含几个内容主体，如果是两个及以上，则重点关注各主体之间的关系：对比、互补等 ⇒ 语义解析	
Step2 配选项，排无关	根据选项和题干的关联匹配度，排除无关项，即根本未提及或不可能说明的选项	
Step3 调史实，排错项	根据题干、图例中涉及的时间、年代、背景等信息，结合史实，摒除错误选项	
Step4 推逻辑，排干扰	分析题干与选项间的逻辑关系，排除符合史实但不存在因果关系的干扰项 ⇒ 逻辑加工	
Step5 判范围，定最优	针对剩余的备选项，引申概括性强、覆盖面大的选项，优先判断其是否吻合	

注：若按以上程序能够得到最优解，则完成作答；否则按照以下顺序进行选择：1. 概括性强（且与史实不矛盾）；2. 符合史实；3. 内容匹配度高的选项。 ⇒ 驱动执行

图 2-14 做历史选择题的流程图

时间轴图是一种用于表示事件或进程时间的图形，按照时间的先后顺序，在轴线上标注事件、时间点。时间轴图通常用于展示一系列事件或进程随时间变化的顺序和时间跨度，可以更好地呈现时间序列信息和各事件之间的关系。根据需要，时间轴图的布局方式可以有所不同，常见的布局方式有水平时间轴（见图2-15）、垂直时间轴、S形时间轴等。

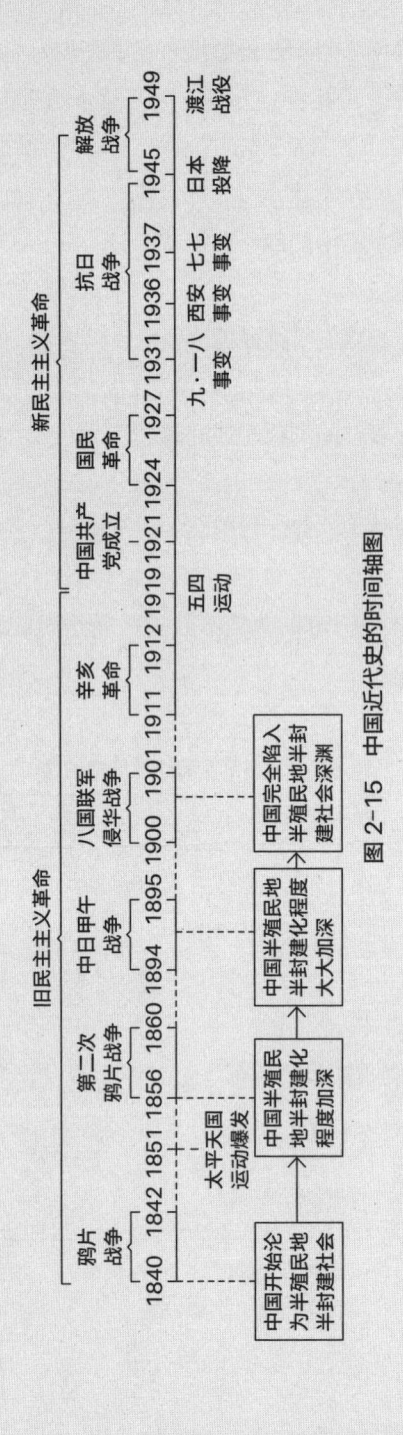

第 2 章 语义解析：构建完整知识图谱，理解准确

旧民主主义革命

- 鸦片战争 1840
- 1842 中国开始沦为半殖民地半封建社会
- 太平天国运动爆发 1851
- 第二次鸦片战争 1856 / 1860 → 中国半殖民地半封建化程度加深
- 中日甲午战争 1894 / 1895 → 中国半殖民地半封建化程度大大加深
- 八国联军侵华战争 1900 / 1901 → 中国完全陷入半殖民地半封建社会深渊

新民主主义革命

- 辛亥革命 1911 / 1912
- 五四运动 1919
- 中国共产党成立 1921
- 国民革命 1924
- 1927 九·一八事变 1931
- 西安事变 1936
- 抗日战争 七七事变 1937
- 日本投降 1945
- 解放战争 渡江战役 1949

图 2-15 中国近代史的时间轴图

089

表格结构图是一种用于展示二维数据表格的图形，它将数据表格的行和列以视觉化的方式呈现出来。表格结构图通常用于展示数据的分布、关系和趋势等，通常由以下元素组成。

单元格：表示数据表格中的每个元素或单元。

行标题：表示数据表格的行标题或类别。

列标题：表示数据表格的列标题或变量。

数值：表示数据表格中的具体数值。

根据需要，表格结构图可以选择不同的布局方式，如垂直布局、水平布局（见表 2-4）等。

表 2-4　真核细胞和原核细胞的比较

类别	原核细胞	真核细胞
细胞大小	较小	较大
细胞核	没有以核膜为界的细胞核，也没有核仁，只有拟核	细胞核有核膜、核仁，有染色质（体）
细胞质	有核糖体，无其他细胞器	有核糖体、线粒体、内质网、高尔基体等多种细胞器；植物细胞还有叶绿体和液泡等
细胞膜	有	有
细胞壁	多数有细胞壁，最主要成分是肽聚糖	植物细胞、真菌细胞具有细胞壁，植物细胞壁的主要成分为纤维素和果胶
代表生物	支原体、放线菌、蓝细菌、细菌	原生动物、真菌、植物、动物
二者联系	都有细胞膜和细胞质，都有遗传物质 DNA	

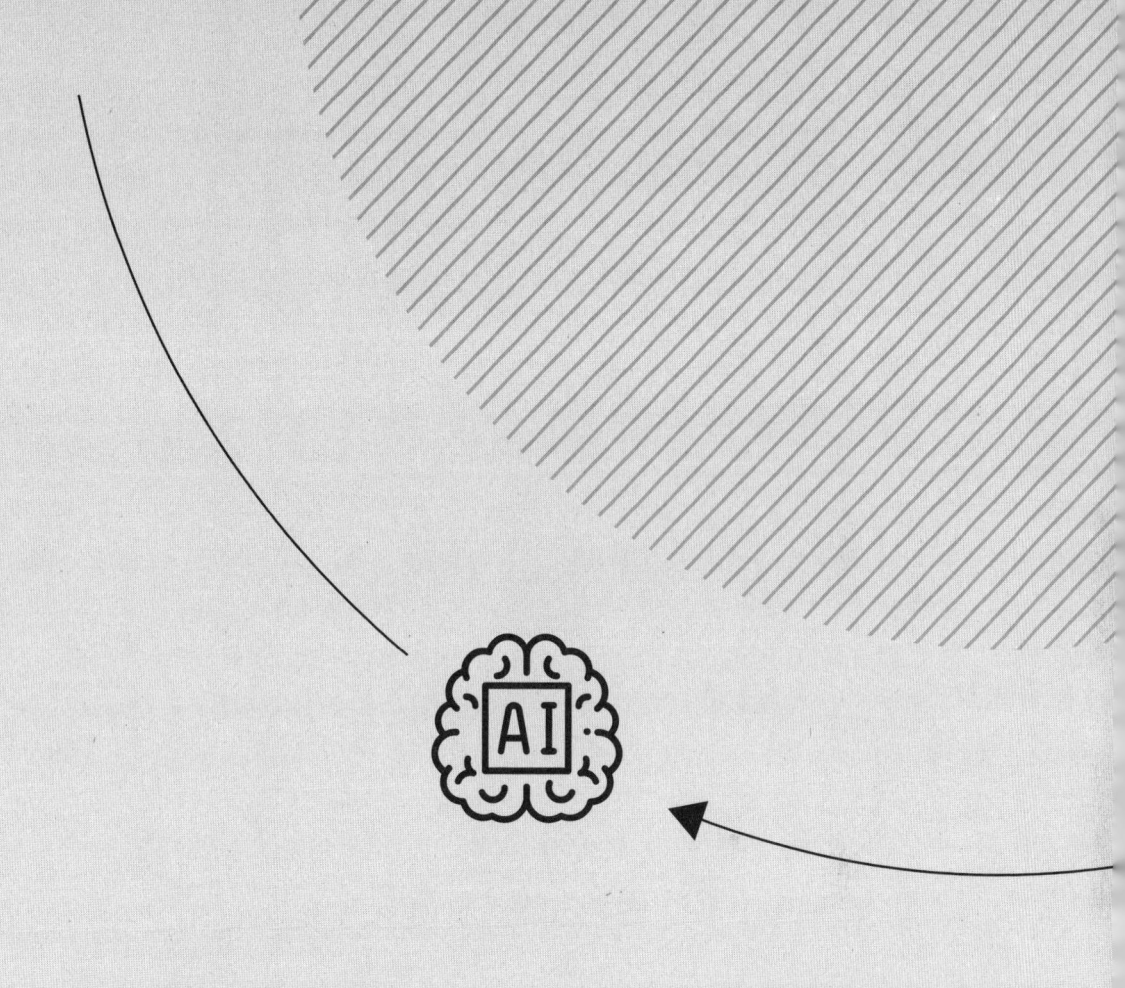

第 3 章

逻辑加工:
要攻克难题,先提升逻辑力

Reshape Your Learning System
学习的迷雾

中等生的"瓶颈"

听课比较认真,但解题正确率不高;考试题目简单,就能拿高分,考试题目难,成绩便一败涂地。你,或是你的孩子,是否也陷入了这个中等生"瓶颈":勤奋第一名,成绩却平平,但又不敢不努力。

第 3 章 逻辑加工：要攻克难题，先提升逻辑力

佳怡是一个文静有礼的女生。她以优异的中考成绩考入一所重点高中，但是她的高一学习成绩非常不理想：数学成绩和物理成绩没有及格。这可急坏了一向要强的她。

"宋老师，我能听懂校内老师上课讲的内容，但就是做不对题。我是不是天生不适合学理科啊？"我看得出佳怡既想提高成绩，又有些不自信。

我微笑着回答："每个人在学习过程中都会遇到'瓶颈'，这就好像计算机系统用一段时间会变慢、死机一样，人的学习系统也会如此。不用着急，我们先来看看你的学习系统哪里出了 bug，一起修复它，然后你就会发现学习数学和物理其实一点都不难。"

我翻阅了佳怡带来的平时作业和考试试卷，看着那些工整而娟秀的字迹，心中有了初步判断。

"选一道让你特别头疼的题，我们先讨论讨论？"我问。

"那就先讲讲这道期末试题吧，我到现在还没搞懂它。"佳怡迅速地指出一道题。题目如下：

李明自主创业，在网上经营着一家水果店。水果店销售的水果有草莓、京白梨、西瓜、桃，价格依次为 60 元 / 盒、65 元 / 盒、80 元 / 盒、90 元 / 盒。为增加销量，李明对这四种水果进行促销：一次性购买水果的总价达到 120 元，顾客就少付 x 元。每笔订单顾客网上支付成功后，李明会得到支付款的 80%。

①当 $x=10$ 时，顾客一次性购买草莓和西瓜各 1 盒，需要支付＿＿元；

②在促销活动中，为保证李明每笔订单得到的金额均不低于促销前总价的 70%，则 x 的最大值为＿＿。

佳怡会做第一问，因此我们略去了第一问，直接讨论第二问。

"佳怡，与第二问有关的已知条件都有哪些？"

"有'一次性购买水果的总价达到 120 元，顾客就少付 x 元''每笔订单顾客网上支付成功后，李明会得到支付款的 80%'，还有'李明每笔订单得到的金额均不低于促销前总价的 70%'。"

"你能把它们用数学语言表达出来吗？把它们列在这张纸上。"我继续提问。

佳怡想了想，写了下面几条：

1. 一次性购买水果的总价 ≥ 120 元，顾客付款 = 购买总价 $-x$
2. 每笔订单李明获得 = 顾客付款 ×80%
3. 每笔订单李明获得 ≥ 促销前总价 ×70%

"列得不错。下面让我们看看这些已知条件中有没有在表达同一个事儿，却用了不同的说法？如'一次性购买水果的总价''购买总价'和'促销前总价'？"我提问。

第 3 章 逻辑加工：要攻克难题，先提升逻辑力

"嗯，它们是一回事儿，就是没有促销的价格。"佳怡答。

"是不是就是每笔订单的金额不是实际支付的？"佳怡点点头。

我继续问："如果我们把每笔订单的金额设为 n。你可以把这些已知条件再简化一些吗？"

佳怡按照我的提示，写出了下面几个等式：

1. 当 $n \geq 120$ 时，顾客付款 $=n-x$
2. 每笔订单李明获得 $=(n-x)80\%$
3. 每笔订单李明获得 $\geq 70\%n$

佳怡看着自己第二次列出的已知条件，突然兴奋地说："噢，我明白了。根据已知条件，我可以列出当 $n \geq 120$ 时，$(n-x)80\% \geq 70\%n$，这样就可以根据 n 的范围来求 x 的最大值了。"

"我还没有提示你考虑用什么原理，你就想明白了。"我微笑着鼓励她。

"宋老师，您和其他数学老师不一样。您只是让我列了列已知条件，我就能自己想明白。其他数学老师会给我从头讲一遍，可是我听不懂。这是怎么回事？"

"你不会做题的根本原因是学习系统的逻辑加工环节出错了，只要引导你进行正确的逻辑推理，当然就能自己想明白了。"

虽然佳怡能正确找到解题的已知条件，但由于受自然语言表达的"迷惑"，她最初没能意识到已知条件中存在共用的概念，即每笔订单的金额。因此，她难

以判断已知条件之间的关系,也就没办法往下推理了。

为什么像佳怡这样的初中学习高手也会逻辑力不足?为适应今天的学习,我们该如何高效地培养孩子的逻辑加工能力?本章将运用大脑逻辑智能和 AI 逻辑智能详细探讨这些问题。

这个思维陷阱常让孩子的逻辑"掉线"

在探讨抽象的逻辑话题之前,我们先放松一下,看两道简单而有趣的问题:

一斤棉花和一斤铁,哪个重?

如果你的第一反应是"一样重",那么恭喜你,你已经自动运用逻辑进行了正确的判断和推理:因为都是一斤(这是判断),所以一样重(这是推理)。如果你脱口而出的是"铁重",也不必懊恼,你只是和我的一个五年级学生一样,当前逻辑加工没"在线"。我为了启发这位学生进行逻辑思考,向他抛出了上面的问题。他无比坚定地告诉我:"是铁重。"

"宋老师,你想想,铁多重啊,一斤棉花和一斤铁,一定是铁重啊。"从他的眼神和语气中可以看出,他确实动脑筋了,甚至还想象了棉花和铁放在秤上称重的样子。不过,他错得很离谱:因为他在运用直觉思维进行判断和推理,而不是逻辑思维。

我们接下来看看这道题,它也很简单(不必像考试那样紧张作答):

球拍和球共花 1.10 美元。
球拍比球贵 1 美元。

第3章 逻辑加工：要攻克难题，先提升逻辑力

问球多少钱？

你的大脑中是否马上出现一个数字"0.10"，也就是 10 美分？或许，你受到了上一题的启发，没有轻易肯定大脑中自然而然冒出的这个数字，而是小心翼翼地回头去验证。如果球是 0.10 美元，那么球拍就是 1.10 美元，球拍和球总共花了 1.20 美元。这不对！没错，计算一下，你会轻松得出"球应该是 0.05 美元"的结果。

美国著名心理学家丹尼尔·卡尼曼（Daniel Kahneman）和他的搭档用这道球拍和球的问题给上万名大学生进行了测试。他们吃惊地发现，哈佛大学、麻省理工学院和普林斯顿大学中 50% 以上的学生给出了"0.10"这个错误答案；其他大学中 80% 以上的学生没有验证答案就脱口而出"0.01"这个错误答案。[①] 显然这些大学生完全具备解对这道题目的知识储备和基本能力。为什么仍有如此多的大学生会答错呢？丹尼尔·卡尼曼认为，人们普遍倾向于凭借经验、直觉去思考，而不是采用更费力的分析、论证的方式。他将前一种思维模式称为系统 1，后一种思维模式称为系统 2。

系统 1，启动快、不怎么耗费脑力，又称作"快思考"。在我们遇到外部刺激或需要解决问题时，我们的大脑会直接从感觉、直觉、记忆中寻找与之关联的内容和解决方法，在不费力思考的情况下，立刻做出反应或给出答案。例如，当你看到路旁广告牌上的大字时，你的大脑会不自觉地读出它们；当你看到"2+2"时，大脑也会直觉地反应出"=4"。

系统 2，启动慢、需要集中注意力、非常耗费脑力，又称作"慢思考"。慢思考是大脑按照规则运行、计算，通过深思熟虑做出决策的思维模式。例如，在

[①] 丹尼尔·卡尼曼. 思考，快与慢 [M]. 胡晓姣，李爱民，何梦莹，译. 北京：中信出版社，2012：28-29.

一段话中找出错别字，或是计算"864÷24"，你都需要保持注意力，按照相关知识和规则进行分析、判断和推理。

大脑天然地遵循节能的原则，因此在日常生活中，经常登上"思考舞台"的是系统1。系统1过于"积极主动"，会显得系统2有些"懒惰"，且经常影响系统2的运行。系统2则甘于担当配角，往往只有在系统1失灵时才赶来"救场"。

那些在球拍和球题目上答错的大学生并不是缺乏解题的知识和分析推理能力，而是因为他们进行了快思考。那么，快思考是不是就不涉及概念、判断和推理了？不是这样的。例如，当你听说新上任的领导是一位"男性，曾任名企高管，实现过业绩翻番"，你通过快思考迅速下了一个判断"新上任的领导是一位业绩导向的工作狂"，并做出一个推断"以后工作压力会更大"。然而，事实并不一定如此。后来，你发现新上任的领导善于运用新技术、新方法实现业绩目标，并非简单地将压力释放给员工。快思考之所以会发生错误，是因为它仅仅凭借感觉、直觉或经验去识别概念，做出判断和推理。

相比成年人，孩子更容易发生类似的情况。前文那位五年级的小学生之所以坚持认为"铁更重"，就是因为他依赖个人经验和直觉来判断棉花与铁的重量，而忽略了"一斤"这个关键概念。与成年人不同的是，孩子不仅受到系统1的影响，其系统2还处于发育过程中。这意味着孩子的逻辑思维能力本身尚待提升，更不要说实现逻辑加工的自动化了。

我们需要刻意培养孩子的逻辑加工能力。由于教材、师资匮乏，逻辑独立成课的局面一直没有形成。在中小学，逻辑知识曾并入语文教学中，现在则是高中数学和政治选修课的一部分。由于逻辑课不受重视，课时不够，实际教学效果并不理想，这就导致仅有少数孩子凭借自己的悟性发展出了较好的逻辑加工能力，更多的孩子依然存在逻辑加工短板。

> 学习的科学

人类的逻辑智能

何为逻辑？亚里士多德曾说："逻辑的本质就是必然地得出。"在生活中，我们有时需要想清楚一个观点、理论，有时需要向别人说清楚一件事情，有时又需要对于某个问题找到一个可行的解决办法……不论是哪种情况，我们都在有意无意地进行着判断、推理和论证。那么，如何保证它们是有效的呢？答案是逻辑。逻辑是有效性的判断标准。在逻辑的世界里，模糊和歧义无处可藏，一切都井井有条、环环相扣。

人类的逻辑智能的起点是概念。我们在认识世界的过程中，会经历从具体感性经验升华到抽象理性认知的过程。人们将所感知的事物的共同本质特征提炼和抽象出来，形成概括性的认识，便形成了概念。这种抽象的反映通常通过词语或词组来标示和记录。例如，在"AI是用机器模拟人类智能。"这句话中，"AI""机器""模拟""人类智能"都是概念。概念是思维最基本的单位。我们用概念来为大千世界的种种事物分类，建立认识的对象。

世界有多少实体的、虚拟的事物，就有多少概念。我们在面对多个概念时，就需要把握概念之间的关系，这就涉及判断，如"计算机是手机""计算机不是手机"。判断是对认识对象有所断定的思维形式，它对事物之间的关系、认识对象是否符合实际情况做出肯定或否定的断定。

在现实生活中，我们常常需要从一个判断得到另一个判断[1]，这一过程便是推理。推理指以一个或多个已知的判断为依据，推导出新判断的思维形式。在推理过程中，已知判断称为前提，由已知判断所推出的判断称为结论。在处理实际问题时，我们面对的情况往往比较复杂，常常具有多个

---

[1] 在逻辑学中，判断所表达的语句叫命题。推理也可以说是从一个（或多个）命题得到另一个命题。这里为了行文方便，仅使用"判断"这个概念。

前提，这需要我们通过多种推理形式，才能得出一个可靠的结论，或有说服力地证明一个观点。这种系统化的推理就是论证逻辑。

概念、判断、推理是人类的逻辑智能的三大基石，也是修复孩子逻辑加工漏洞的三个重要方面。

这些错误都是因为逻辑加工存在漏洞

"您认为孩子做错题目的主要原因是什么？"有一次，我在北京某中学给教师们做培训，向他们提出了这样的问题。

"审题没审清楚。""没有掌握解题技巧。""粗心马虎了。""知识点掌握不牢固。"教师们你一言我一语地讨论着。他们说的都没错，但是都没有深入到思维的本质。在我们所看到的审题错误、知识点不会，粗心马虎这些问题现象之下，孩子做错题目很多时候是因为逻辑加工上的漏洞。下面我将从概念、判断、推理三个层面，以易错题目为例，分别谈谈因为逻辑不过关导致的学习问题。如果你对其中涉及的学科知识感到陌生，可以忽略例题只看结论。

错误识别概念的内涵与外延

我们知道，概念识别是判断和推理的基础，如果概念把握不准，那么判断、推理的有效性就无从谈起。在实际学习中，由于缺乏对概念的逻辑训练，孩子既不知道该如何全面掌握一个概念，也不重视对概念的学习，常常在大脑系统1的影响下，根据感觉、经验把握一个概念，自然容易出错。

内涵与外延是概念的两个基本特征。要知道一个概念究竟反映什么，就要弄清楚这个概念的内涵是什么；要知道一个概念究竟是在指"谁"，就要弄清楚这个概念的外延是什么。所以，孩子在学习一个概念时，需要全面把握它的内涵与外延。否则，在解题时若用到这个概念，孩子就会出现"这个也对、那个也对"的问题。

例如，一个孩子在做下面这道物理题时，由于混淆了速度与速率两个概念的内涵，而错选了 A 选项（答案为 D）。题目如下：

旱冰爱好者在地面上滑行如图所示，若他正沿圆弧弯道以不变的速率滑行，则他（　　）。

A. 做匀速运动

B. 所受的合力为 0

C. 受到重力、弹力、摩擦力和向心力

D. 向心加速度方向不断变化

在物理中，速率是物体运动的快慢，是衡量速度大小的一个量；速度表示物体运动的快慢和方向。我们在使用"速率"概念时，只考虑数量即可；在使用"速度"概念时，既要考虑数量，又要考虑物体运动的方向。题目中说"以不变的速率滑行"，只能说明速度大小是不变的；旱冰爱好者是沿圆弧弯道滑行的，他的运动方向显然一直在变。再来看 A 选项，"匀速运动"指速度不变，也就是速率和方向都不变，显然选项 A 不符合题意。

混淆概念与词语之间的关系

概念通过词语来表达，但是概念与词语并不是一一对应的关系。有的时候，不同词语可以表达同一个概念，如语文中的同义词；有的时候，同一个词语可以表达不同的概念，如多义词。

在求解理科题目时，学生经常需要洞察数量之间的关系，进而构建方程并求解未知数。有趣的是，当数量之间存在等价关系时，通常意味着它们背后隐藏着共同的概念。正是因为这些数量表达指向了同一个概念，才能在它们之间画上等号。很多时候，学生找不到数量之间的等价关系。这主要是因为他们没有看出不同词语（自然语言或学科语言）实际表达了同一个概念。例如，本章开篇难住佳怡同学的不等式应用题，就是一道典型的不同词语表达了同一个概念的题目。下面我们再来看一道题目：

（2020 年全国新高考 I，数学）基本再生数 R_0 与世代间隔 T 是新冠病毒感染的流行病学基本参数。基本再生数指一个感染者传染的平均人数，世代间隔指相邻两代间传染所需的平均时间。在新冠疫情初始阶段，可以用指数模型：$I(t)=e^{rt}$ 描述累计感染病例数。$I(t)$ 描述随时间 t（单位：天）的变化规律，指数增长率 r 与 R_0、T 近似满足 $R_0=1+rT$。有学者基于已有数据估计出 $R_0=3.28$，$T=6$。据此，在新冠疫情初始阶段，累计感染病例数增加 1 倍需要的时间约为 ($\ln 2 \approx 0.69$)（　　）。

  A.1.2 天　　　　B.1.8 天　　　　C.2.5 天　　　　D.3.5 天

由 $R_0 = 3.28$，$T = 6$ 且 $R_0 = 1+rT$，不难计算出指数增长率 $r =(R_0-1)/T=0.38$，所以 $I(t)= e^{0.38t}$。多数学生都能求解到这里，但是要想求出"累计感染病例数增加 1 倍"时的 t 值，显然还缺一个等量关系。题干从开头到"据此"前的信息，仅能支持求解到 $I(t)= e^{0.38t}$，再无其他条件可用。那么，我们就只能在最后一句"累计感染病例数增加 1 倍需要的时间约为 ($\ln 2 \approx 0.69$)（　）"上找突破口。这里其实隐含着一个已知条件，即累计感染病例数增加 1 倍。请注意这里有个数量变化：增加 1 倍。增加 1 倍是什么意思？就是累计感染病例数是增加前的 2 倍。感染病例增加前，即 $t = 0$ 时感染病例数量是 $I(0)$，即 $I(t)=2I(0)$。等量关系找到了，之后再带入求解即可得到 $t \approx 1.8$，故选 B。这道题的关键是要找到

$I(t)$ 与 $2I(0)$ 之间的等量关系。而这个等量关系的背后实际上是两种说法——"增加 1 倍"与"原来的 2 倍",两者所表达的是同一个概念。

此外,在混淆概念与词语关系上,学生还容易在"同一个词语表达不同概念"上犯错,多见于语文、英语中涉及"一词多义"的题目,如下题:

(2022 年北京中考,语文)下列词语中加点的字,与"不义而富且贵"中"贵"的意思相同的一项是(　　)

A. 达官显贵

B. 洛阳纸贵

C. 物以稀为贵

D. 春雨贵如油

"贵"有两个基本意思,一个是"价格高",另一个是"社会地位高"。表达这两层意思的"贵",实际上是两个不同的概念。题干中"不义而富且贵"的"贵",是指"社会地位高"。A 选项的"贵"和这一含义相同,而其他各项的"贵"均指"价格高"。学生如果不能正确识别"贵"在该题中实际表达了两个概念,就容易选错。

请看下面这道错误率比较高的英语完形填空题:

(2021 年北京丰台中考一模,英语)The Best Vacation Ever Winter Break was fast coming, and all Scott wanted to do was to go snowboarding. Unfortunately, Scott's parents had different plans. They had booked a weeklong tropical cruise.····The week of the cruise arrived, and Scott continued to voice his __2__ as he and his family left their house to head south.

(　　) 2. A. decisions　　B. complaints　　C. difficulties　　D. choices

这道题的正确选项实际上是由文章第一段的文意决定的。在第一段，文章交代对于即将来临的冬季假期，Scott 想去滑雪，但是他的父母却预订了乘游轮旅行，Scott 对此当然很不满意。该题应选 B 项，大意是 Scott 和他的父母都已经出发了，他还在抱怨。很多学生因受到 voice 这个词的干扰而错选。学生对 voice 比较熟悉的义项是"发言权"，如 Everyone should have a voice in the decision-making process。voice 做动词，则是"表示、表达、吐露（感情或意见）"的意思。该题中的 voice 就是"表示、表达"的意思。由于这个意思在英语学习中不多见，很多学生对此拿不准，从而影响了对后面词语的判断。

英语中，一词多义的现象很普遍。在具体语境下，学生如果不能准确识别单词所表达的含义（概念），就会出现理解错误，进而影响判断和推理。

混淆概念之间的关系

有些学科中的抽象概念比较多，如生物，学生很容易在学习生物时犯混淆概念之间关系的错误。我们来看下面这道易错题：

下列哪些生物属于原核生物？（答案：B、D）
A. 病毒　　　　B. 细菌　　　　C. 衣藻　　　　D. 蓝藻

不少学生选 A。为什么 A 不对呢？原核生物指在具有细胞结构的生物中，细胞内没有核膜的一类生物，比真核生物要低等、原始。细菌和蓝藻是原核生物。病毒虽然是生物界中结构最简单、最低等的原始类群，但没有细胞结构。错选 A 的学生主要考虑了病毒具有低等、原始的特性，而错把病毒的外延当成原核生物的外延的一部分，弄错了两个概念之间的关系。

为了让你理解得更充分，下面我要给你补充一些逻辑知识。在逻辑上，依据两个概念的外延在所指范围上是否有相同部分，可将两者的关系分为两种关系：相容关系和不相容关系。相容关系指概念之间在外延上有重合的部分，不相容关系指概念之间在外延上没有任何重合部分。

依据所指范围相同部分的多少，相容关系具体分为四种情况：全同关系——两个概念之间的外延完全重合；属种关系——一个概念的部分外延与另一个概念的全部外延重合；种属关系——一个概念的全部外延与另一个概念的部分外延重合；交叉关系——概念之间在外延上部分重合。若 A、B 是任意两个外延相容的概念，则以上四种相容关系可以用图 3-1 表示。

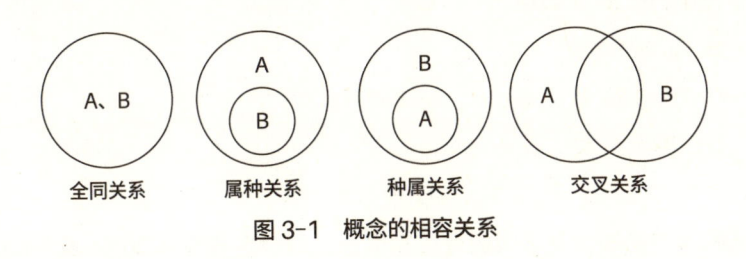

图 3-1　概念的相容关系

不相容关系有两种情况：矛盾关系——两个概念的外延是相互排斥的；反对关系——两个概念的外延互相排斥，并且两个概念的外延之和小于它们属概念的外延。若 A、B 是任意两个外延不相容的概念，C 为 A、B 共同的属概念，则矛盾关系和反对关系可以用图 3-2 表示。

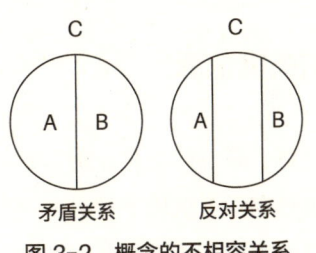

图 3-2　概念的不相容关系

由此可见，"原核生物"与"病毒"应该是反对关系，而非属种关系。

判断错题目考查的知识点

很多时候，孩子答错题目或不会解题，不一定因为没掌握知识点，很有可能是未从已知条件正确判断出题目要考查的知识点，即张冠李戴，将原本考查知识点 A 判断成考查知识点 B 了。例如，下面这道生物题的错误率较高：

基因型为 $YyRr$ 的黄色圆粒豌豆，可产生下列哪项种类的配子（　　）
A. Y、y、R、r 四种
B. Yy、Rr 两种
C. Yy、YR、Yr、yR、yr、Rr 六种
D. YR、Yr、yR、yr 四种

这道题考查的知识是基因的分离和组合，即"在减数分裂第一次分裂后期同源染色体上的等位基因（Y 与 y，R 与 r）分离，同时，非同源染色体上的基因自由组合（即 Y 与 R，Y 与 r，y 与 R，y 与 r 自由组合）"，正确答案是 D。不少孩子错选 A 项或 C 项。选 A 项的孩子错误地判断考查的知识点是等位基因分离，而遗漏了基因自由组合；选 C 项的孩子则只考虑了基因自由组合，而忽略了基因分离。

判断错解题应该依据的关键信息

学生虽然识别和正确理解了题目的信息，但是对一些关键信息没有做出正确判断，导致解题失败。这也是在学习情境下常见的一种判断错误。有时出题人为了增加题目难度，会以比较隐晦的方式设置题目的已知条件。下面这道物理题比较典型：

教室内有两个日光灯。开关闭合时，两个日光灯同时亮；开关断开时，两个日光灯同时熄灭。它们的连接关系是（　　）

A. 一定串联

B. 一定并联

C. 可能是混联

D. 串联、并联都有可能，不可能是混联

不少学生选 A，主要是由条件"开关闭合时，两个日光灯同时亮；开关断开时，两个日光灯同时熄灭"判断得出。除了这一条件，题目还给了另一个关键条件：教室内。根据常识，教室中日光灯的额定电压是 220V，只有并联才能使每个日光灯都达到额定电压值而正常工作。此外，并联还有一个好处：一个总开关控制所有日光灯，但每个日光灯都是独立的。一个日光灯损坏了，也不会影响其他日光灯正常工作。所以，此题的正确答案是 B。错选 A 的学生显然忽略了"教室内"这一重要条件。

演绎推理中的谬误

人类的大脑之所以进化出推理能力，就是要让人类在有限的信息中推断出更多有用的结论，以解决各种难题。无奈的是，人类也常常犯推理错误，在演绎、归纳和类比三种推理上都有所涉及。

演绎推理是从一般到特殊的推理。我们在了解了一般规律后，便希望在此基础上，判断某种特殊情况是否为真，这就要使用演绎推理。求圆的面积就是一个演绎推理的典型例子。演绎推理有两个常见的基本形式：命题推理和三段论推理。学生常常在这两个常见的基本形式中犯错。

命题推理指从命题形式的前提中推出结论。例如，下面这道题便需要学生进行命题推理：

> 如果一个数是无理数，那么这个数不能写作两个整数之比。

设命题"一个数是无理数"为 p，设命题"这个数不能写作两个整数之比"为 q，用符号"→"表示 p 和 q 之间的逻辑推理关系。那么，上述命题推理可写为"$p \to q$"。在"$p \to q$"命题推理中，如果大脑系统 1 跳出来"抢"工作，那么学生就很可能出现逻辑谬误[①]。具体有两种情况：肯定结论和否定前提。

肯定结论这一逻辑谬误，把"$p \to q$"的形式反了过来，认为假设 q 为真，那么"$q \to p$"。这是一种无效的论证形式。换句话说，这样的逻辑关系是错误的，即使前提"$p \to q$"和 q 为真，也会推导出结论 p 为假。用形式逻辑表达方式可写作：

$p \to q$
q
p

例如：

如果一个数是无理数，那么这个数不能写作两个整数之比；
一个数不能写作两个整数之比；（肯定结论 q）
这个数是无理数。

结论为假，因为虚数也可以满足条件。

[①] 我们把错误的逻辑推理称为逻辑谬误。请注意，逻辑谬误不是必然产生的，通过学习和练习提升自己逻辑加工的水平，可以有效避免逻辑谬误的产生。

原命题成立，则逆命题不一定成立。这从另一个侧面告诉我们，肯定结论是一种逻辑谬误。

命题推理中另一个常见的逻辑谬误是否定前提。同样以上述例题为例，否定前提指如果"$p \to q$"，且$\neg p$[1]为真，那么$\neg p \to \neg q$。这是一种无效的、不符合逻辑的推理，即这种推理得到的结果不一定是正确的。这个命题可以具体化为：

> 如果一个数是无理数，那么这个数不能写作两个整数之比；
> 一个数不是无理数；（否定前提 p）
> 那么，这个数能写作两个整数之比。

结论为假，因为这个数可能是虚数。与上述类似的命题推理如下：

> 如果一个四边形是菱形，那么这个四边形是平行四边形；
> 一个四边形不是菱形；那么，这个四边形不是平行四边形。

结论显然不对，因为不是菱形的四边形也可能是平行四边形。

以上所举的例子均是学生在学习中容易犯错的地方。再如，学生看到"速率不变"的叙述就认为物体做匀速直线运动；看到"两条边相等"的叙述，就想当然地认为是平行四边形（正方形或长方形）。此外，学生做数学题时，常常混淆原命题和逆命题。

下面我们通过例子，来看学生在三段论推理中容易出现的错误。

---

[1] 符号"$\neg$"在逻辑学中表示"非"，是逻辑否定。

教师在黑板上画了一个长方形，让学生判断它是什么图形。一位学生这样回答："这是一个长方形，因为长方形的两组对边分别相等，而这个图形的两组对边恰好分别相等。"你认为这位同学的回答正确吗？我们先将他的推理写成标准的三段论形式：

  大前提：长方形是两组对边分别相等的四边形；
  小前提：这个图形是两组对边分别相等的四边形；
  结论：这个图形是长方形。

三段论有一个重要规则：推理中有一个"中间概念"（叫作"中项"）必须被充分解释清楚一次。也就是说，在两个前提中至少有一次将中项所指代的范围完全涵盖，全部外延都得到了判定。如果没有做到这一点，三段论推理就不成立。在上面的三段论中，"两组对边分别相等的四边形"就是中项，它出现在两个前提中。

大前提：长方形是两组对边分别相等的四边形。长方形具有这个特征，但不是所有两组对边分别相等的四边形都是长方形。显然，大前提没有全部涵盖中项的外延。

小前提：这个图形是两组对边分别相等的四边形。这里也只是说这个特定的图形具有此特征，并没有解释所有具有此特征的图形的定义。可见，中项的外延依然没有被全部涵盖。

因为这两个前提对中项"两组对边分别相等的四边形"的外延都没有完全判定，所以，这个三段论不成立。在逻辑学中，这条规则被定义为：若要三段论成立，中项至少周延一次。

此外，人们平时在思考和表达时，常常使用省略形式的三段论（省略一个前提或结论），如前文中判断教师所画图形为长方形的学生就省略了结论。这样更增加了人们错误使用三段论的概率。

归纳推理中的谬误

归纳推理是从特殊到一般的或然推理，不能保证必然的导出。归纳推理虽然结论不一定正确，但是非常有用。归纳推理的结论会为人们带来新的信息。

在日常生活中，人们经常使用归纳推理解决问题、做出选择。例如，一位鸟类摄影爱好者发现自己在每年的 5 月份都能在某湿地的东南角拍摄到理想的照片，这种情况已经持续了 3 年，到了第四年的 5 月份，他还会在相同的地方架起照相机拍摄照片。一个孩子最近总是能在正对篮筐五六米的地方投篮进球，于是他就跟队友们说这是他的幸运投球位，以后要在这个位置传球给他。

这种从特殊到一般的思维方式，似乎是大自然对人类的一种馈赠，让人类不用刻意学习就能自动化运用。不过，也正因如此，人们常常在归纳推理下得出错误的结论，而且对此毫无觉察。

学生在做简便计算题目时，经常会先计算"25×4""0.25×4"或"25×0.4"，而不考虑四则混合运算的计算顺序。例如，不少学生计算下面两道题目的方法如下：

（1）$25 \times 0.4 \div 25 \times 0.4$
$= 10 \div 10$
$= 1$

（2）$11.6 - 1.6 \div 4 \times 0.25$
$= 11.6 - 1.6 \div 1$
$= 11.6 - 1.6$
$= 10$

做错题的学生未必不知道四则混合运算法则,只是受到以前多次先算"25×4""0.25×4"等经验的影响。学生做练习作业总是先从简单题目开始。在简单题目中,以"25×4"之类先做凑整化简比较常见,于是形成了经验。当遇到有变化的题目时,学生并没有仔细辨别,只是因为感觉与曾经做过的题目一样,就按照归纳推理确定先计算的项,最后就出错了。

未经严格验证而将归纳推理的结论视为必然结论,就犯了我们日常所说的"以偏概全"的错误。"以偏概全"的现象非常普遍。认知心理学家彼得·卡思卡特·沃森(Peter Cathcart Wason)通过实验发现,之所以出现"以偏概全",是因为人们有"证真偏见"。人们在推理时有一种倾向:更愿意努力证实自己推论的正确性,不会且不愿意寻找反例。

事实上,科学家在检验科学假设时也面临着相似的情况。假如一个假设 p 是正确的,那么通过实验验证就应该得到结果 q。很幸运地,科学家做了成百上千次实验都得到了想要的结果。那么,基于"$p \to q$"和所得的结果 q,能够得出结论"假设 p 是一定正确的"吗?显然不能,因为这犯了肯定结论的错误。所以,没有哪一种形式的结果可以证明这一理论的正确。相反,用举反例的方式,能更好地验证一个理论的有效性。[1]例如,牛顿力学理论能够非常准确地描述和预测大多数的地球上的物体运动和天体运动,但是对于高速运动中的物体和强引力场中的物体运动,则无法做出正确解释。因此,我们在进行归纳推理时,要警惕对结论的过度信赖。

类比推理中的谬误

类比推理是根据两个对象在某些属性上相同或相似,通过比较而推断出它们

---

[1] 凯瑟琳·加洛蒂. 认知心理学:认知科学与你的生活 [M]. 吴国宏, 译. 北京:机械工业出版社, 2021: 197-198.

在其他属性上也相同的推理过程。它也是从观察个别现象开始的，因而近似归纳推理。但它不是由特殊到一般，而是由特殊到特殊，因而又不同于归纳推理。类比推理是比归纳推理可靠度更低的或然推理。学生常常在不经意间使用它，因而对错误没有察觉。

例如，在学习电流时，有的学生喜欢用水流做类比来理解电流的性质。表面上看，电流通过导线，就如同水流通过管道。当水流通过管道从高处流向低处时，高处的水压要大于低处的水压。所以，有些学生就想当然地认为，电流也是如此。电流通过导线从高处向低处输送时，高处的电压大于低处的电压。然而，这样的类比论证显然是不正确的。因为"电压 = 电阻 × 电流"，电压与电流之间的必然联系是电阻，而与电流的高度并没有关系。

虽然类比推理的结论可靠性不高，但是它对我们学习和从事科学研究有重要的意义。通过将新知识与已有知识进行类比，我们可以更好地理解和记忆新知识；在科学探索中，我们通过类比推理可以启发思路，跳出既有研究范式，提出有创造性的假说，催生新发现、新创造。在物理学的量子力学中，微观粒子（如光子、电子等）的波粒二象性，就是物理学家通过类比宏观世界中的波和粒子来构建理论模型而提出的。

因此，类比推理也是需要学生掌握的一类推理。下面这道题目就在考查学生的类比推理能力：

> 类比是研究物质性质常用的方法之一，下列类比不合理的是（   ）
> A. 由 CO_2 能与 CaO 反应生成 $CaCO_3$，推测 SO_2 能与 CaO 反应生成 $CaSO_3$
> B. 向碳酸钠固体滴加几滴水，测得温度上升，推测向碳酸氢钠固体滴几滴水温度也会上升
> C. 硅可作半导体器件，推测周期表金属与非金属交界线的锗具有半导

体性能

D. NaClO 溶液能与 CO_2 反应，推测 NaClO 溶液能与稀硫酸反应

分析：答案为 B。碳酸钠加水放热，温度升高，是一个吸热放热的过程；碳酸氢钠加水吸热，温度降低，是一个吸热的过程。

为了帮助学生更好地应用类比推理，我们要引导学生正确辨识自己解题时所采用的推理类型，并对所得结论的可靠性保持谨慎。对于通过类比推理得到的结论，我们必须进一步对其进行演绎推理和实验验证，以确保其有效性。

混淆概念

上述推理错误属于形式谬误，即不依据形式逻辑推理规则进行推理、论证而导致的逻辑谬误。此外，推理错误还有非形式谬误。它指使用了不恰当的前提，或由于语意混乱造成了不恰当的论证。在非形式谬误中，学生经常犯的错误是混淆概念、无中生有、循环论证等。我们依次来举例说明。

混淆概念，也叫转移论题，指在同一思维或论证过程中，把两个不具有同一关系的概念（或论题）当作具有同一关系的概念（或论题）而等同使用。这种错误违反了同一律，导致推导出的结论在逻辑上不能自洽，或与经验事实不符。学生产生这种逻辑错误时一般是不自觉、无意识的。如果是自觉地、有意地混淆概念，就是诡辩了。例如，学生在论证三角形内角和定理时，做了如下论证：

因为结合等边三角形的性质得出∠A=∠B=∠C=60°，
所以∠A+∠B+∠C=180°，
最终得出三角形内角和为180°。

该证明选用的等边三角形属于特殊类三角形，而题目要求论证的是所有三角形的内角和是180°，这就混淆了"所有三角形"和"特殊三角形"这两个概念[1]。

混淆概念在学生作文中最为常见，跑题作文就是最典型的一种。例如，某命题作文《根》，一位学生在开篇写道："根是什么呢？根是植物地下生长的部分，它可以从土壤中吸取水分和养分，以不同的方式延伸，形成一个庞大的网络，支撑和滋养着植物。"学生写的这个开头没有问题，一直在围绕着"根"说明，但紧接着他便开始发散：根发芽了，长叶了，长成了一棵参天大树；树冠茂密，迎来了筑巢的小鸟；小鸟很快乐……这篇作文总体脱离了对"根"的描写，转而言他了。

无中生有

无中生有指把没有的说成有、不存在的当成存在的，违反了客观事实。它在学生学习中常常表现为"想当然"，如下题：

（2022年全国高考甲卷，地理）蒙古族将靠近山林的优质草原称为杭盖草原。杭盖草原地形和缓，多由缓丘和河谷组成。缓丘上牧草葱郁，河谷中的牧草更加繁茂。通常鼠类打洞、啃食等对草原多有破坏，而杭盖草原的河谷中鼠害却很轻。杭盖草原是古时游牧民族最喜爱的牧场。杭盖草原附近山地对古时游牧民族越冬的重要性在于（　　）。

A. 提供水源　　B. 挡风保暖　　C. 食物丰富　　D. 围猎场所大

该题正确答案是B，因为题干中强调了"越冬"，说明温度是主要因素。一些学生选择D是想当然地认为马背上的游牧民族有打猎习惯。而事实上，游牧

---
[1] 侯肖玲. 初中生几何证明中逻辑推理错误及对教学的启示探析 [J]. 理科爱好者，2020（16）：173-174.

民族主要靠放牧获得肉食，不需要打猎。

循环论证

循环论证指用来证明论题的论据本身的真实性要依靠论题来证明。简单来说，论据的真实性需要论题来证明，而论题的真实性又需要论据来证明，从而形成了一个循环论证的过程。学生解题时的循环论证，常常体现为把结论当成论据来证明结论。

例如，学生在证明三角形内角和定理时，是这样论证的：

在 $\triangle ABC$ 中，沿着 BC 边向 C 点的方向作延长线，那么 $\angle 1$ 就是 $\angle CAB + \angle ABC$ 的和，此情况可以总结为在三角形中一个外角等于与它不相邻的两个内角之和。就此得出三角形内角和定理，即由于 $\angle ACB$ 与 $\angle 1$ 的和为 $180°$，所以 $\angle CAB + \angle ABC + \angle ACB = 180°$，也就是三角形内角和为 $180°$。

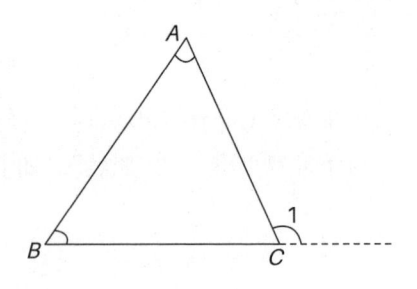

该学生所使用的论据 $\angle ACB$ 与 $\angle 1$ 的和为 $180°$，实际上就是三角形内角和为 $180°$。他将要证明的结论当作论据，犯了循环论证的错误。

解题没思路是因为不会搭建逻辑通道

对于解题，你是否也有这样的感觉，有思路时如行云流水，没思路时则一筹莫展。我的学生哲安就曾感觉考数学好像是在拆盲盒，运气好时考的全会，运气

第 3 章　逻辑加工：要攻克难题，先提升逻辑力

不好就连很简单的题目也做不对。在一次考试中，他未做出一道证明题。当看到答案时，他都有些不敢相信自己的眼睛，因为这道题太简单了，连辅助线都不用画（见图 3-3）。哲安是个综合成绩还不错的学生，就是数学成绩不太稳定，有时能解出很难的题目，有时却一点儿思路都没有。

如图，$BD \perp AC$ 于 D，$EF \perp AC$ 于 F，$DM // BC$，$\angle 1 = \angle 2$
求证：$\angle AMD = \angle AGF$.

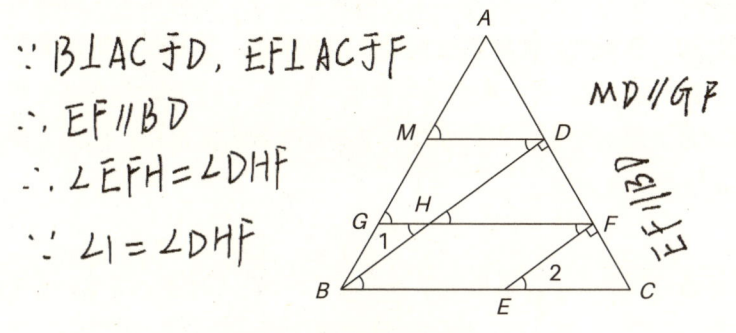

∵ B⊥AC 于 D, EF⊥AC 于 F
∴ EF // BD
∴ ∠EFH = ∠DHF
∴ ∠1 = ∠DHF

MD // GF

EF // BD

图 3-3　解题思路被卡住

有一次，我们谈论彼此对学习高手的理解，他认为学习高手就是"什么题都会做的人"。我当时笑了笑，告诉他并非如此，并和他分享了自己的经验和对解题的研究。我读高三时虽已经稳居年级第一了，但无论模拟考还是最后的高考，都遇到过初次读题后没有思路的情况。但是，我不会慌张，因为我知道如何能"无中生有"。非常有意思的是，时隔二十多年，我对 106 名清华大学学生做调研，发现他们竟和我一样。调研中，我设计了这样一个问题"当遇到不会做的题目时，你会怎么做"，这 106 名清华大学学生无一例外全部选择"我知道怎么做把题解出来"。

学习的最高段位莫过于能够参透解题的本质，无论遇到什么样的题目（问题）都有应对的招数。换言之，我们解题其实是在搭建逻辑通道。

117

什么是逻辑通道

　　逻辑通道指人们在解决问题时,从现有资源到达最终目标的中间路径。这一路径主要通过运用概念、判断、推理等逻辑思维对信息进行加工实现。逻辑通道是一种思维方式,让人们能够清晰有效地从已知到达未知。在学习中,无论是解文科题还是理科题,我们既不是单纯地应用知识,也不是练习解题技巧,而是要在已知条件与求解目标之间建立起一条逻辑通道。学会建立逻辑通道,可以减少盲目性和不确定性,使解题过程更加高效有序。学习高手正是掌握了这一方法[1],才会什么题都会做。我在指导学生时发现,对于那些知识掌握得还不错但遇到难题没思路的学生,当引导他们学会搭建逻辑通道后,他们就像开了窍一样,学习成绩突飞猛进。

　　逻辑通道的概念不仅适用于学习中的"解题",同样适用于日常生活、工作中的"解决问题"。想一想,为了达成绩效目标,我们先要梳理手头已有的人、财、物资源,将各项资源进行匹配、安排,然后按照一定的工作流程推进。在推进过程中,我们难免要遇到挑战,这时就需要重新排布资源和工作流程,甚至谋求新的资源,直至能够达成工作目标。从本质上看,这一过程就是在搭建一条条的逻辑通道,并将其付诸实践。当一条路走不通的时候,我们要思考如何建立新的逻辑通道。可以说,搭建逻辑通道是一种令人受益终生的思维能力。

　　解题的逻辑通道是什么样的?它实际上是对各种已知条件、原理、公式、新推已知等进行排列组合,从一个已知到另一个已知,一步一步不断推导,直到求出最终解的过程。在这一过程中,大脑主要进行逻辑运算(即逻辑加工):首先识别已知条件涉及的各个概念(内涵和外延);然后判断各条件之间的关系,包括可能会用到的原理、公式、知识点;接着对相关的信息进行排列组合,推理出

---

[1] 许多学习高手也不是真正参透了这其中的真谛,只不过是在长年累月的学习与反思中自然而然地形成了一套适合自己的逻辑通道搭建方法。

新的已知条件；最后结合新的已知条件再做判断、推理，直至求出最终解。如图 3-4，假设一道题有 5 个已知条件 A_1、A_2、A_3、A_4、A_5，涉及学习过的两个原理（或公式）B_1、B_2。那么，解题的逻辑通道就是：A_1 和 A_2 组合，通过 B_1，到达 C_1；A_3 和 A_4 组合，通过 B_2，得到 C_2；A_5 和 C_1、C_2 组合，通过 B_3 到达最后求解的地方 D。

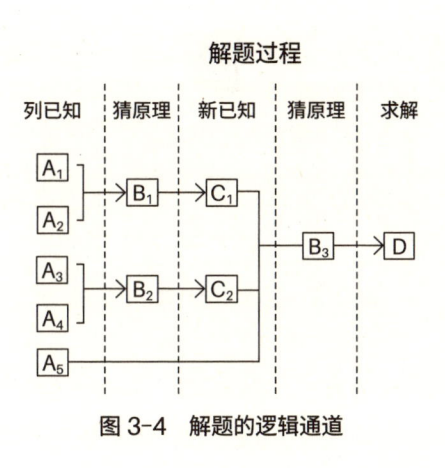

图 3-4 解题的逻辑通道

实际上，做任何一道题都是类似的过程，只不过条件不一样，所用原理（或公式）和知识点不同，中间的组合过程有一些变化，仅此而已。

———————————————————— AI 对学习的启示

逻辑电路结构

为什么解题的本质就是搭建逻辑通道？这主要是计算机逻辑电路结构给我的启发。计算机的基本语言单位是"0"和"1"，表达"0"和"1"的物理载体是逻辑门电路。通过控制电路开关，机器就能"说"出"0"和"1"。"与、或、非"是三种逻辑门电路，像构成生物体的细胞，是计算机硬件最基本的结构和功能单位。通过这三种门电路的组合与互联，计算机实现了众多复杂功能，例如计算机进行二进制数加法运算的全加器

119

(见图3-5)。

与门			或门			非门	
开关A	开关B	灯	开关A	开关B	灯	开关	灯
1	0	0	1	0	1	0	1
0	1	0	0	1	1	1	0
0	0	0	0	0	0		
1	1	1	1	1	1		

图3-5 逻辑门电路与、或、非

全加器是三种门电路通过串联、并联，再进行各种组合、连接而实现的。同样，计算机中发挥其他功能的逻辑电路，无论有多么复杂，模式构成都是如此。对比图3-4和图3-6，我们不难发现，计算机的逻辑门电路的组织形式与大脑解答题目的思维模式很相近。

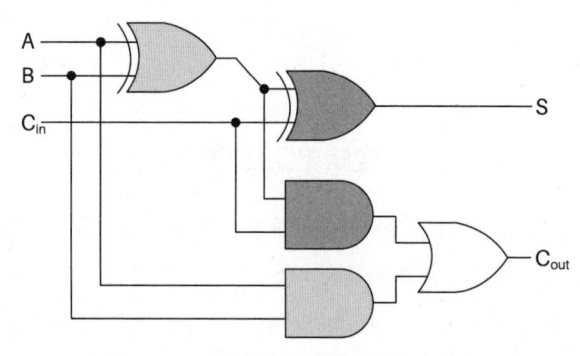

图3-6 计算机全加器的逻辑门电路图

这并非一种偶然现象。如果你翻翻逻辑学发展史和计算机发展史，就很好理解了。20 世纪上半叶，信息论创始人香农（Claude Elwood Shannon）发现了数理逻辑布尔代数与物理电路之间的对应关系，由此提出了逻辑门电路，为计算机的诞生奠定了理论基础。布尔代数是数学家布尔对传统逻辑学所做的数学化表达，也就是用数学的语言来表达传统逻辑。从传统逻辑学，到布尔代数，再到计算机的逻辑门电路，大脑的逻辑智能与计算机的逻辑智能，可谓一脉相承。

Reshape Your Learning System

如何在解题时应用逻辑通道

学生在解题时该如何搭建逻辑通道呢？下面我们分别通过一道文科题、一道理科题来展示这一过程：

【文科题】(2023 年重庆中考 A 卷，道德与法治) 彩礼是婚姻的"绊脚石"还是"试金石"？传统习俗该如何与现代生活接轨？请阅读下列材料，回答问题。

彩礼是男女双方以结婚为目的，一方按照当地习俗给付另一方的礼金及贵重物品。随着生活水平的提高，彩礼数额也水涨船高，引发社会热议。

有些人认为彩礼是一种过时的习俗，应该被取消。现在是新时代，男女双方共同组建家庭，应该共同承担责任，男方不应给付女方彩礼。彩礼是将女性商品化，借婚姻索取财物，是对女性的侮辱，不利于维护女性的尊严；彩礼会使一些男方家庭债台高筑、不堪重负；彩礼会导致一些男女无法成婚或者婚后争吵不休等。

有些人认为彩礼是一种婚嫁风俗，不应该被取消。彩礼自古以来就代表美好的愿望、美好的祝福，是吉祥喜庆的象征。男方支付彩礼的多少能表示对女方的重视程度，关乎女方的脸面。女方父母含辛茹苦把女儿养大，结婚后女儿成为男方家庭中的一员，为男方养儿育女，男方理应给女方父母以补偿回报养育之恩。彩礼多少应基于双方情况，由双方协商决定，不应该被取消等。

相关链接：民法典第一千零四十二条规定：禁止包办、买卖婚姻和其他干涉婚姻自由的行为。禁止借婚姻索取财物。《中共中央国务院关于做好2023年全面推进乡村振兴重点工作的意见》中提出：扎实开展高价彩礼等重点领域突出问题专项治理。

上述两种观点均有其合理与不合理之处。请你选择一种观点，运用崇尚法治精神相关知识，分析其合理性。

我们来分析下这道题。考生可以从材料中的两种观点里任选一种观点来分析合理性。考生要先从材料中提炼支撑观点的"已知条件"，然后结合崇尚法治精神讲授的相关知识，就可以梳理出支撑观点的论据。下面针对两种观点分别整理逻辑通道示意图。

针对观点一：彩礼是一种过时的习俗，应该被取消。其逻辑通道如图3-7所示。

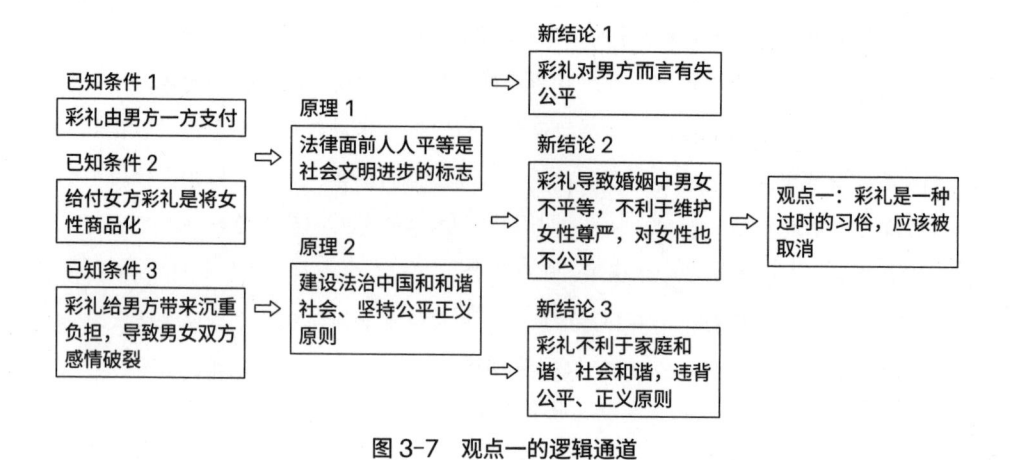

图3-7 观点一的逻辑通道

针对观点二：彩礼是一种婚嫁风俗，不应该被取消。其逻辑通道如图3-8所示。

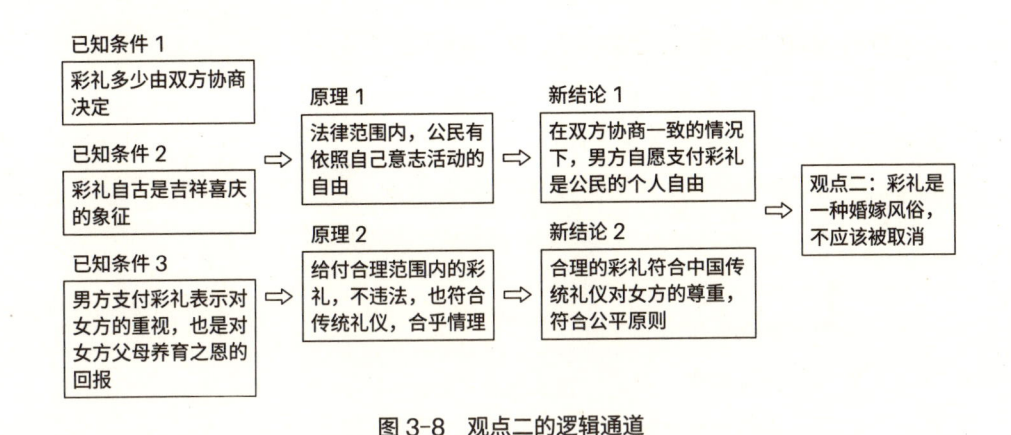

```
已知条件1
彩礼多少由双方协商
决定
                    原理1                  新结论1
已知条件2            法律范围内，公民有     在双方协商一致的情况
彩礼自古是吉祥喜庆  ⇒ 依照自己意志活动的  ⇒ 下，男方自愿支付彩礼  ⇒  观点二：彩礼是
的象征               自由                  是公民的个人自由         一种婚嫁风俗，
                                                                   不应该被取消
已知条件3            原理2                  新结论2
男方支付彩礼表示对   给付合理范围内的彩    合理的彩礼符合中国传
女方的重视，也是对 ⇒ 礼，不违法，也符合  ⇒ 统礼仪对女方的尊重，
女方父母养育之恩的   传统礼仪，合乎情理    符合公平原则
回报
```

图3-8 观点二的逻辑通道

由逻辑通道归纳出的参考答案如下：

观点一，彩礼应该被取消的合理性在于：法律面前人人平等是社会文明进步的标志。新时代的男女双方地位是平等的，但彩礼却是由男方一方支付，对于男方而言，与平等的原则相违背有失公平；给付女方彩礼，将女性商品化，借婚姻索取财物，不利于维护女性的尊严，会导致婚姻中男女双方地位的不平等，对于女性而言也不公平。彩礼给男方带来沉重负担，甚至导致男女双方感情破裂，不利于家庭和睦、社会和谐，违背了公平、正义的原则。

观点二，彩礼不应该被取消的合理性在于：在法律规定的范围内，公民有依照自己意志活动的自由，在男女双方协商一致的情况下，男方自愿支付彩礼是公民个人的自由；依据家庭情况支付合理范围内的彩礼，并不违背法律的要求，符合传统风俗，也符合传统礼仪中的对女方的尊重，合乎情理，符合公平的原则，他人不能强制取消。

我们再来看看下面这道理科题：

【理科题】如图，矩形 ABCD 中，AB=4，CB=3，点 P 为对角线 AC 上一点，当 △BCP 为等腰三角形时，求 AP 的值。甲：∵ 当点 P 为 AC 中点时，△BCP 为等腰三角形，∴ AP=2.5；乙：∵ 当 CP=3 时，△BCP 是等腰三角形，∴ AP=2。则（　　）

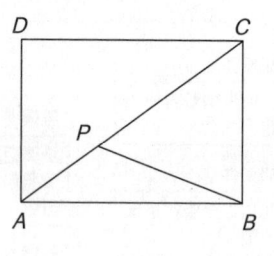

A. 甲的结论正确

B. 乙的结论正确

C. 甲、乙的结论合起来正确

D. 甲、乙的结论合起来也错误

我们来分析下这道题。此题关键点在于当 △BCP 为等腰三角形时有 3 种情况：PB = PC，CP = CB，BP = BC。这 3 种情况也为解题提供了 3 个新的已知条件。这道题目的解题逻辑通道如图 3-9 所示。

根据逻辑通道归纳分析这道题的答案如下：

AP 的值有 2.5 或 2 或 7/5，故答案为 D。

这里仅举两例作为示范参考。当引导孩子自己动手搭建几次逻辑通道后，你就能明显感到，孩子会有意识地梳理已知条件，从记忆中调取原理或公式，判断题目条件和原理或公式之间的关系，进而有条理地进行推理。这样，孩子解题时就不会凭着感觉走，而会建立一个有章法、有逻辑的思考过程。

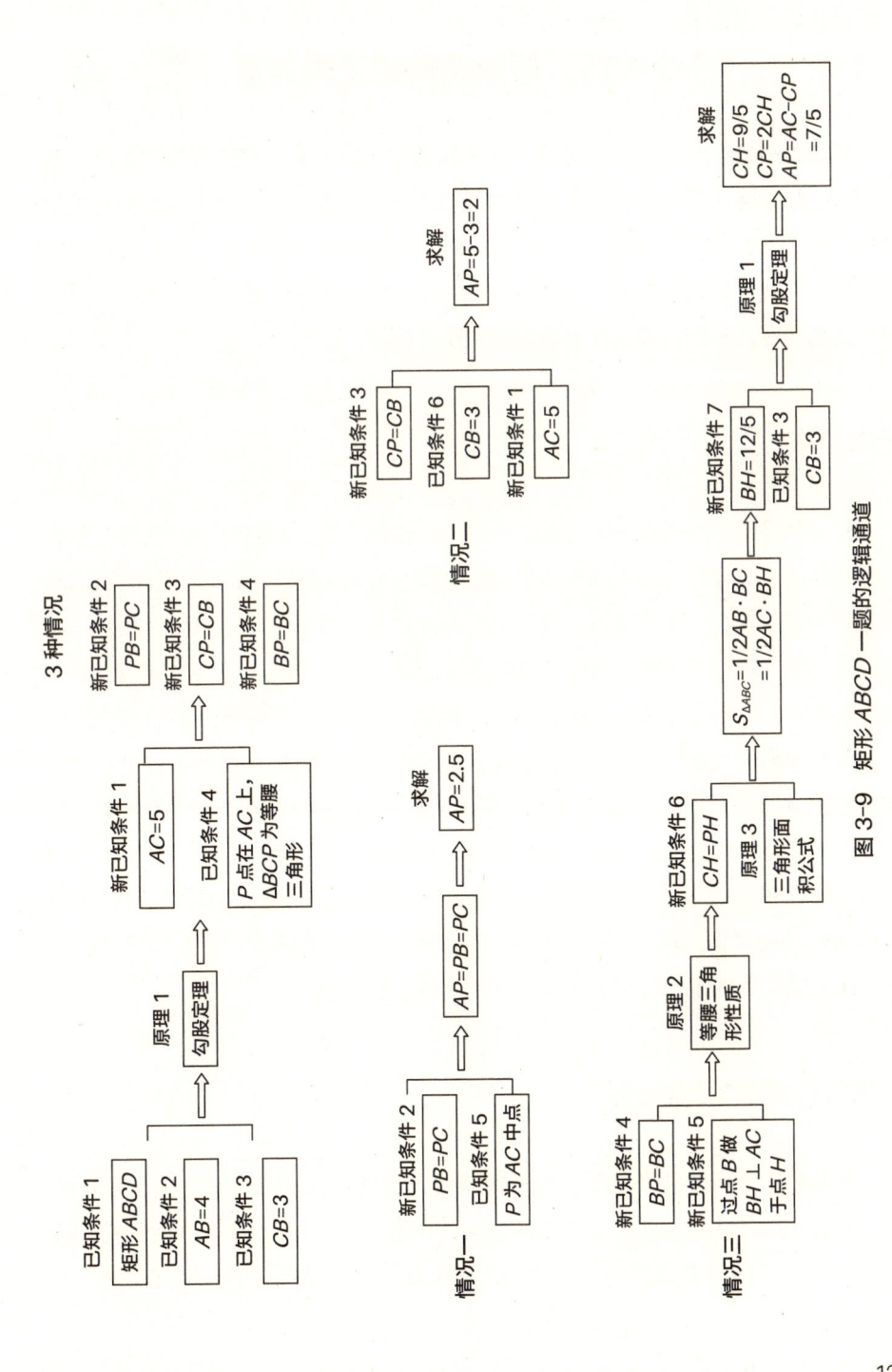

第 3 章　逻辑加工：要攻克难题，先提升逻辑力

图 3-9　矩形 ABCD 一题的逻辑通道

3个技巧，搭建顺畅的逻辑通道

搭建逻辑通道并不复杂，无非是对已知条件、原理或公式进行排列组合，推出新的已知条件，再和原理或公式排列组合，不断地推导，直至达到最终的求解目标。然而，在实际解题时，有些学生虽然也会分析已知条件，能联想到相关的原理或公式（如哲安同学），但是却没能成功搭建起逻辑通道。这是什么原因呢？据我观察，他们主要是没有把握好三个关键点。

靶向思维

靶向思维是一种聚焦特定目标进行思考的思维方式。解题是一种靶向信息非常明确的任务，解题人需要瞄准的靶心就是题目中的问题。在解题过程中，解题人应时刻对准靶心，不要偏离。这一点说起来容易，做起来难。当面对几个已知条件时，我们不仅要判断这些已知条件可以求出什么、推导出什么，还要判断、选择求什么，先推导什么，后推导什么。例如，在一道关于圆柱体的题目中，已知底面圆的半径，我们可以求圆的面积，也可以求圆的周长。如果题目要求圆柱体的体积，那么算周长是没有用的，算出圆柱体的底面积再乘以高才能得出体积。这里就需要我们根据靶向（求解目标）判断推导、求解的方向。又如，在前文的几何证明题中，当推导出 BD//EF 后，可以得出∠2=∠CBD，也可以得出∠EFH=∠DHF。这两个结论，哪一个正确呢？由靶向决定。哲安同学就因为在论证中偏离了目标，迷失了方向，导致最终求解失败。

从求解目标出发逆向推导

当遇到从已知条件做判断、推理困难时，我们可以从求解目标入手反向思考。假设哲安在遇到卡点后没有放弃，从要得出∠AMD=∠AGF 开始倒推，他就会发现下一步需要证明 DM//FG；要证明 DM//FG，就需要证明 BC//GF；要证明 BC//GF，就需要证出∠1=∠CBD；要证出∠1=∠CBD，就需要证明∠2=∠CBD；他已经证明了 BD//EF，能得到∠2=∠CBD。可见，如果哲安有从目标反向搭建逻辑通道的意识，就不会被卡在∠EFH=∠DHF 这儿了。

再来看下面这个例子：

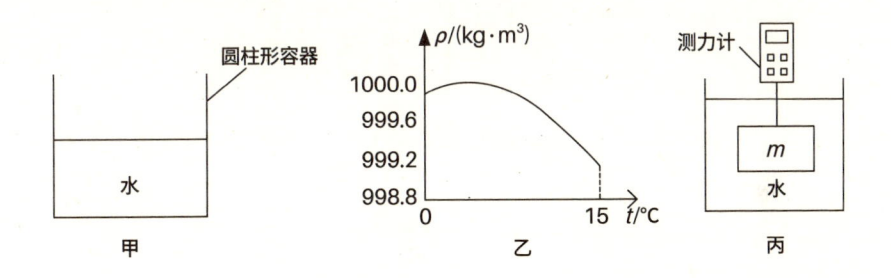

图中甲圆柱形容器装有适量的水，当水温从 0℃升到 15℃时，水的密度 ρ 和水温 t 的关系如图乙所示，此过程水的质量不变，不考虑圆柱形容器的热胀冷缩，描述图中甲容器底部受到水的压强 p 和水温 t 的关系：随着水温逐渐升高，容器底部受到水的压强_____(选填"先变大后变小""先变小后变大"或"不变")，请写出你的判断依据：_____。

此题从已知条件"水的密度随水温变高先升高后降低"出发，很难建立逻辑通道推导水的压强和水温之间的关系。我们若从所求出发，逆向思考容器底部受到水的压强会受哪些因素的影响，及这些因素与水的密度和水温有什么关系，就很容易建立逻辑通道（见图 3-10）。

本题的参考答案如下：

第一空：不变；第二空：由于处于规则容器中，水对容器底部的压力等于水的重力，根据 $p=\dfrac{F}{S}=\dfrac{G}{S}=\dfrac{mg}{S}$，可知，当水温 t 从 0℃升到 15℃时，容器底部所受到水的压强不变。

学习力革命

逆向推导

原理 1
$$p=\frac{F}{S}$$

已知条件 1
当水温从 0°C升到 15°C时，水的质量不变，容器规则

⇒ **新已知条件 1**
水的压强 p 与水对容器底部的压力 F 和容器底面积 S 有关

已知条件 2
水对容器底部的压力就是水的重力，即 $F=G=mg$

⇒ **新已知条件 2**

已知条件 2
当水温从 0°C升到 15°C时，水的质量不变，容器底面积不变

⇒ **新已知条件 3**
$$p=\frac{mg}{S}$$

结论
当水温从 0°C升到 15°C时，容器底受到水的压强 p 不变

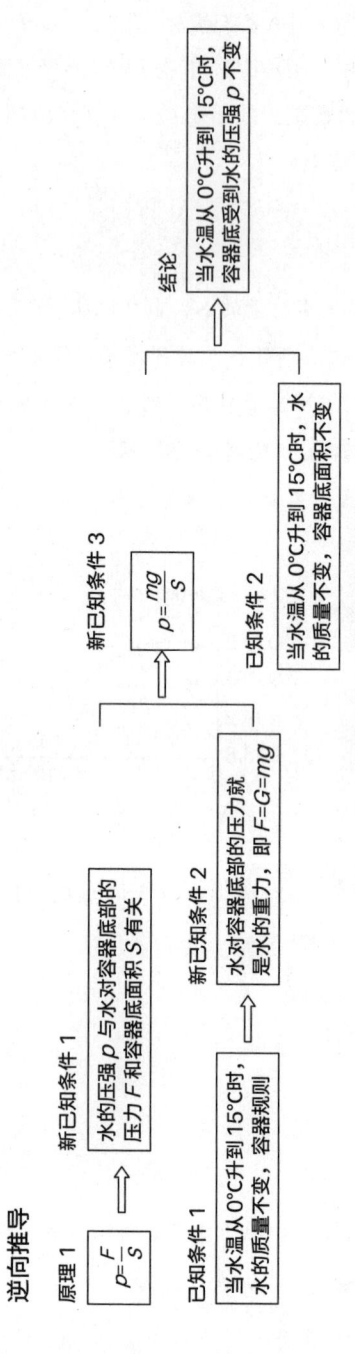

图 3-10 水的密度与水温题目的逻辑通道

128

AI 对学习的启示

正反双向推理

随着科技的发展，AI 在学习人类逻辑的过程中不仅继承了人类的思维方式，还拓展了人类尚未涉足的"逻辑疆域"，形成了 AI 特有的逻辑智能。其中，特别值得学生学习的是正反双向推理。

当年，AlphaGo 击败围棋高手李世石，轰动了全世界，引发了人们对 AI 的讨论。研究人员为 AlphaGo 开发了两个深度神经网络：一个是策略网络，它主要思考下一步走什么，会凭借学到的经验给出在当前棋局下，每一个点赢子的概率，概率低的点会被忽略，概率高的点则被纳入考虑范围；另一个是评价网络，根据经验评估在每一步落子之后黑棋或白棋赢棋的机会，胜算低的棋局同样也会被放弃。

策略网络和评价网络就像大脑的左右半球，互相配合将围棋中巨量的可能性压缩到可控范围。AlphaGo 也由此成为一个既能把握全局又能推演局部的围棋大师。如果把每下一步之前的棋局当作已知条件，把最终获胜当作求解目标，你会发现 AlphaGo 是进行双向推理的：一方面它从已知条件出发寻找最优路径，另一方面它也从最终目标反向思考寻找可能的方案。当来自一头一尾的计算推理接上头时，它便得出了获胜的最优解。

人由于工作记忆容量有限，无法做到同时从已知条件和求解目标两端双向推导，但是可以交替操作。当正向推导遇到卡点时，不要慌张，先按下"暂停键"，转而从问题开始反向推导；当反向思考遇到卡点时，同样也可以按下"暂停键"，再从正向去做第二次的尝试……如此往复，大多不超过 2～3 个回合，我们就能搭建起完整的逻辑通道。

Reshape Your Learning System

识别已知条件中的逻辑交叉点，由此推出新结论（或新已知）

你是否也遇到过这种情况：面对几个已知条件却什么也得不出来。这主要是因为没有发现已知条件中的逻辑交叉点。逻辑交叉点指两个及以上已知条件中共有的因素或已知条件之间的关系，由此可以推断出新结论。逻辑交叉点往往具有隐蔽性，是提高题目难度的关键点。例如，下面这道小学数学题的逻辑交叉点就很隐蔽：

买12支铅笔和8支钢笔共需要112元，照这样计算，买54支铅笔和36支钢笔，共需要多少元？

按照一般思路，若能求出单支铅笔、单支钢笔的售价，题目就很简单了。但是从已知条件"买12支铅笔和8支钢笔共需要112元"中是无法求出单支铅笔和单支钢笔的售价的。怎么办？此时，我们要分析已知条件隐含的逻辑交叉点。注意，有人会认为此题只有一个已知条件：买12支铅笔和8支钢笔共需要112元。这是不对的。"买54支铅笔和36支钢笔"也是一个已知条件。仔细观察条件1中的"12、8"与条件2中的"54、36"（见图3-11），我们就会发现它们具有同比例关系，都是3∶2。这就是两个已知条件的逻辑交叉点。所以，对条件1中的"112"进行同比例缩放，就可以求出答案。

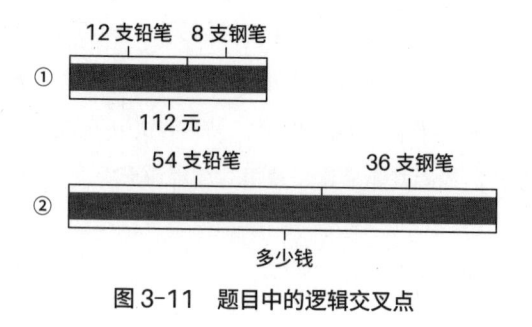

图3-11 题目中的逻辑交叉点

该题目的参考答案如下：

112×（54÷12）=504（元）

答：54支铅笔和36支钢笔共需要504元。

靶向思维、逆向推导、逻辑交叉，孩子只要掌握这三个关键点，搭建逻辑通道并不难。孩子卡在哪里了呢？快来选一道曾经难住孩子的题目，和他找找大脑中的那只逻辑通道"拦路虎"吧。

———————————————————— 本章回顾

要点

能理解但做不对题，或解决不了问题，这是逻辑加工出现了漏洞。大脑天然地喜欢凭借感觉、直觉来思考，而不是逻辑，这导致孩子在学习中很容易因为逻辑掉线而出错。解题的本质其实是在搭建逻辑通道。孩子在解题时若表现为时而有思路、时而没思路，根本上是因为不会搭建逻辑通道。

方法

- 唤醒孩子的逻辑推理意识，教给他们关于概念、判断、推理的基础知识，并引导他们从逻辑的角度分析错题。
- 引导孩子学会搭建逻辑通道，有三个要点：培养靶向思维、学会逆向推导、善用逻辑交叉点。

拓展阅读

Reshape Your Learning System

AI 的逻辑智能是如何发展而来的

传统逻辑学的研究始于 2000 多年前的亚里士多德。到了 17、18 世纪，数学家开始探索逻辑的数学化表达。英国数学家布尔在 19 世纪中叶首次实现了这一想法，提出了布尔代数。将近百年之后，香农发现布尔代数与物理电路之间的神秘关系，发表了著名论文《继电器与开关电路的符号分析》（*A Symbolic Analysis of Relay and Switching Circuits*），揭示了布尔代数的真假值和电路开关之间的一一对应关系，为计算机的诞生奠定了基础。

布尔代数与物理世界的电路相遇，启发人们推演出了布尔电路，继而催生出了计算机。当布尔代数与物理世界的人的大脑神经元相遇，又给了科学家怎样的启发呢？神经学家沃伦·麦卡洛克（Warren McCulloch）发现神经元细胞要么发射信号，要么不发射信号，这种工作方式和布尔电路非常相似。他和数学家沃尔特·皮茨（Walter Pitts）于 1943 年发表论文《神经活动中内在思想的逻辑演算》，提出了人工神经元的数学模型（最早的神经网络模型），为 AI 的加速发展奠定了基础。

今天的 AI，在微观层面，不过是数以千亿的开关，按照布尔代数法则进行连通和断开；在宏观层面，AI 却能做出只有人类才会的判断、推理和决策，且在某些领域已经超越人类。

这一切的基础是布尔代数，基础的基础则是发端于 2000 多年前古希腊的逻辑法则。

可以说，AI 的逻辑智能发端于人类的逻辑智能，在超大规模数据和超高速计算能力的加持下，AI 又发展出了新的逻辑智能。

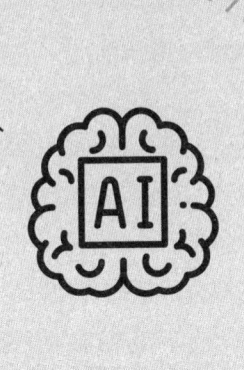

第 4 章

价值决策:
厌学还是乐学?算法说了算

Reshape Your Learning System
学习的迷雾

学习成了"心病",还有"药"可解吗?

如果你问不好好学习会有什么后果,很多孩子会头头是道地回答出七八条,但真到了学习时,他们又推三阻四,表现出厌学、逃避学习的倾向。为什么道理明白一大堆的孩子就是不愿意学习呢?

第 4 章　价值决策：厌学还是乐学？算法说了算

当你翻到这一页时，祝贺你读完了本书最难的一个章节——逻辑加工。回想前一章的阅读过程，面对那些抽象晦涩的逻辑规则和逻辑门电路，你是囫囵吞枣，还是耐着性子一点一点研读？你是否曾因多次烦躁想跳过这一章，然而内心有一个声音让你坚持了下来？是什么在左右你阅读中的选择和做法？没错，就是本章要重点探讨的学习系统的价值决策模块。

价值决策位于学习系统的中心，它对整个学习系统的运转起着总控作用。比照 AI 来看，在 AI 的世界里控制一切的神秘力量是算法，算法决定着机器应该依照怎样的标准或规则工作；而在人类的世界里，起着同样作用的神秘力量则是价值决策，它决定了人类行为的选择和执行方式，进而影响态度、倾向和喜好，使每个个体在一个独一无二的轨道上不停地运转。

我曾教过一个学生，他的学习成绩和其他表现都很不错，但是进入四年级后，他突然厌学了。

我问他："辰辰，你现在为什么不好好学习了呢？"

他告诉我："老师，我想明白了。我爸爸妈妈说学习就是为了将来有个好工作，有一份好收入，过轻松快乐的生活。但是我现在发现不用辛苦地学习，我也能有好的收入，过快乐的生活。"

我感到好奇，问他："你将来凭什么能有好收入呢？"

辰辰一脸认真地说："老师，你看，我奶奶家在北京海淀区有两套房子，我姥姥家在北京西城区有一套房子，我们家在北京朝阳区还有两套房子。我爸妈都是独生子，这些房子以后都是我的。我住一套，其他四套都租出去，按现在的市场价格，一个月房租都不少。家里人总说希望我快乐、健康。打游戏能让我感到快乐，学习并不能让我快乐。我为什么还要勉强自己去学呢？"

你发现了吗？辰辰厌学并非人们通常想的是"小孩子天生贪玩怕辛苦"，而是他自己经过一番"深思熟虑"后做出的决策。在辰辰的价值标准中，人生快乐最重要。当然，他也知道人需要有收入才能维持生活。所以，当他知道自己不用努力学习、辛苦工作，也能过上有收入的生活之后，他就依据快乐标准选择"躺平"了。

价值决策会决定人们的行为模式，甚至决定人生命运的走向。下面，我再举一个例子进行说明。2023年5月，我在广东省遇到了一对双胞胎姐妹，她们便鲜明地体现了这一点。姐妹俩是同卵双胞胎，容貌极像，但是两个人的能力和行为方式却有着天壤之别。姐姐依琳自信阳光，举手投足之间很有领导者潜质，学习成绩优异，多才多艺，擅长书法和唱歌。妹妹依琅却非常普通，成绩平平，没有什么特长，还经常在家里制造冲突。她们从小跟随父母生活，上学也在同一所学校、同一个班级。两个人有着相近的先天基因，同样的生活环境，可为何却表现出如此巨大的差异呢？

原来，养育者从小给姐妹俩的要求和评价完全不同。家人对姐姐的要求是：要做好榜样，要管好妹妹。家人对妹妹的要求是：要听姐姐的话。在这样的双重教养标准之下，姐姐的责任意识不断被强化，养成了严于律己的行为模式。因为各方面表现良好，依琳又会不断得到表扬，从而促进了她正向价值决策的形成。与之相反，依琅从小就被认为是要听姐姐话的妹妹，是不如姐姐的。被肯定、被尊重是人的天然需求。既然得不到肯定和关注，依琅只好反其道而行之：凡是你们赞成的，我就反对；凡是你们支持的，我就破坏。依琅越叛逆，就越得不到肯定，越得不到肯定，就越缺乏自信，越缺乏自信，就越不敢挑战困难，不敢突破自己。"我天生就不如姐姐，怎么努力也是没用的。"这一价值标准就在依琅与家庭、学校的各种冲突中逐渐形成，根深蒂固。因此在行为层面，我们就看到了一个学习被动、没有追求、缺乏自信、四处闯祸的"废柴"。

先天的基因只给了姐妹俩相似的外貌，同样的家庭和学校环境也只给了她们相同的物质条件和成长环境，内心的价值决策才是塑造她们灵魂的根本。因此，我常说："价值决策是每个人人生的核心算法，将决定我们是否能过上有意义的生活。"

人的价值决策是如何形成的

读到这里，你是不是好奇一个人的价值决策到底从哪里来？它并非来自长辈传授的道理或书本上的知识，而是人成长过程中，多种因素综合作用的结果。它可能源于家人、老师言传身教的启发，可能源于和他人互动产生的经验教训，也可能源于一次刻骨铭心的成功或失败经历，还可能源于偶像的一个故事或一句话……在价值决策的形成过程中，知识和信息的影响权重较小，个人的实际感受、体验影响更大。

下面我们先来看一看一个幼儿价值决策形成的过程。试想，在一个温暖的午后，几个幼儿在户外玩耍。其中，四岁的婷婷看到三岁的朵朵拿着一个漂亮的玩具娃娃，她很想玩一会儿。婷婷向朵朵要玩具，但是朵朵不肯给。看来"温柔"地要是不行的，于是婷婷仗着自己比朵朵高半头，直接伸手把玩具娃娃抢了过来。玩具被抢后，朵朵哇哇大哭。这时，如果陪伴在一旁的家长立即批评教育婷婷，要求她把玩具还给朵朵并赔礼道歉，那么婷婷就会明白"抢别人的东西是错的"，这颗价值标准的"种子"就会被埋在婷婷心中。相反，如果家长什么话也没说，甚至觉得孩子的行为非常可爱，只笑嘻嘻地看着她们。那么，婷婷不仅没有受到批评，在某种程度上还得到了鼓励。"只要我想要，抢别人的东西也是可以的"，这样的信条就会进入婷婷的价值决策体系。日后，她可能会经常抢小伙伴的东西。

除此之外，生活中的特别经历对价值决策也会有重大影响。上中学时，我与鬼子姜[①]的一番经历在心里铭刻了一条很重要的价值标准。当时，我从书中读了"王阳明'格'竹子"的故事。据说，王阳明想要体会"格物致知"，于是对着竹子废寝忘食地坐了七天七夜，结果什么也没有"格"出来，病倒了，还差点丢了性命。虽然王阳明当时没有"格"出什么，但正因为有了这次"格"物实践，在贵州龙场三年里，他终于明白了"格"物的本质。我那时的想法也很简单，想去试试"格"物。不过，我"格"的不是竹子，而是家乡很常见的一种作物——鬼子姜。

我在老宅后院种下很多鬼子姜。秋天到了，鬼子姜喜获丰收，刨出来的块茎堆成了小山！我装了满满一柳筐，来到集市，打算卖掉赚点零花钱。结果，大半天时间过去了，很少有人问价。偶尔有人问一句，就算我把价格报得再低，他也不买。我的心情就像眼前这筐鬼子姜一样，变得越来越沉、越来越重。旁边有位摆摊的大婶跟我说："孩子，咱们这儿谁买鬼子姜啊，这东西喜长，捅地里就行，一长一大片，不值钱啊！"我心情沮丧地盯着一筐鬼子姜，很想问问它们为什么不值钱？我就这样"格"鬼子姜到天快黑了，也没有什么头绪。算了！我可不想"格"七天七夜，于是把鬼子姜往河边一倒，空着筐回家了。

---

① 鬼子姜又称洋姜、菊芋，是多年生草本植物，高为 1～3m，有块状的地下茎及纤维状根。

一年后,我在政治书里学到"商品价值是由社会必要劳动时间决定的",恍然大悟!种鬼子姜极其容易,只需要付出很少的劳动时间,自然不值钱。自那以后,我心中就有了一个观念:特别容易得到的,往往不值钱!在后来的学习工作中,这个观念深深地影响着我,看上去轻而易举的机会,我从来不碰。在引导有网瘾的孩子时,我也常常和他们分享我"格"鬼子姜的故事,告诉他们:游戏里的荣誉,收获容易但不值钱。

价值决策是如何影响学习的

在学习系统内部,价值决策居于核心位置,负责为识别驱动、语义解析等其他四个模块提供心理支持,是连接学习(认知心理)和非认知心理的关键枢纽。在宏观层面,价值决策往往会决定一个孩子整体的学习状态。如果价值决策有缺陷,孩子可能会表现出对学习缺乏兴趣、学习动力不足、做事意志力薄弱、自信不足、低挫折容忍力等问题;如果价值决策良好,孩子则会表现出明显的学习主动性,不怕困难和失败,具有强大的心理韧性和自信心等。在微观层面,价值决策无时无刻不在影响着孩子的学习过程。回想一下,当你遇到一道难题时,你心里会怎么想?多数人会有以下两种想法(见表4-1)。

表4-1 遇到难题时的价值决策

A类想法	B类想法
"别慌,我不会别人也不会,不用着急。"	"这题太难了,算了,我肯定做不出来。"
"别着急,再来一遍,好像有点思路了,一遍不行,就两遍,两遍不行来三遍。"	"这谁出的题啊,故意为难人,真讨厌。"
"我要搞明白这道题,就真比别人厉害了。"	"唉,做不出来,我真是太笨了,大概不是学习这块料吧。"

A类的三种想法都比较积极,先稳定情绪,再尝试找方法,自然解出难题的概率会大增。相比之下,B类的三种想法都是消极的,直接否定了尝试的可能,大概率是解不出题目的。无论哪一类想法,其实都是在对解决难题进行价值决

策。价值决策的方向不同，结果也必然不同。

106名清华大学的学生在遇到难题时，无一例外地持有A类积极想法。他们很愿意挑战难题，而挑战成功又会强化他们攻克难题的意愿。这种正向的激励循环会让他们在解决难题时越来越得心应手。

其实，不只有在面对难题时，清华大学的学生们在课堂学习乃至日常生活中，也常常表现出良好的价值决策能力。他们善于管理情绪，在遇到困难时能快速进行自我调节；他们善于给当前的行为赋予意义，让自己以积极状态应对挑战；他们乐于探索解决问题的方法，经常是不达目的不罢休。正是优秀的价值决策能力，助力他们清除学习之路上一个又一个障碍，一步步攀上了学习高峰。

若学生没有形成良好的价值决策，我们该怎么办？显然仅凭简单的谈话或说教是远远不够的。结合近三十年的教育实践经验，我认为需要帮助孩子渡过三关：情绪关、意义关和方法关。

情绪关，即情绪管理，指在遇到问题、困难时，个体能否克服消极情绪，使自己平静下来，积极面对问题、困难；能否灵活地调整自己的情绪，以最佳的紧张度应对当前的问题、困难，不会随便掉以轻心，导致失误。意义关，即意义赋能，是个体依据一定的参考标准来客观评价某一事件的意义或价值的大小。例如，对于学习的重要性、某个学科的价值、一次考试的分量，每个人心中都有一套自己的意义或价值标准。方法关，即方法采择，涉及面对问题时个体如何选择方法，以及在不断尝试中找到解决方案的能力。

在价值决策的调整过程中，孩子需要依次"闯过"三关，一般情况下，不能越级闯关（见图4-1）。首先，我们要先帮助孩子把情绪调整到良好状态，后续调整意义标准、探索解决方法才能行得通。如果一个孩子始终沉浸在"我就是笨"的自卑情绪里，或"学习太无聊"的厌学情绪中，我们很难唤醒他的大脑的理性思维。在这种状况下,我们无论是讨论意义标准,还是传授方法,都难以影响到对方。同样,即便学生进入了良好的情绪状态,若没有正确的意义标准,如无法在先写作业还是先玩手机之间做出恰当选择,那么此时让他考虑解决学习问题的方法也是徒劳。总之,无论价值决策具体存在怎样的问题,我们都需要按照"情绪关、意义关、方法关"依次去排查和调整。当然,对任何一关的调整,都会对其他两关起积极的促进作用。孩子的意义标准经过修正后,会更有利于唤起他的积极情绪,也为其找到更有效的解决方法奠定了基础;孩子的解决方法有所提高后,会反向为他增加意义感,同时引发良好情绪。

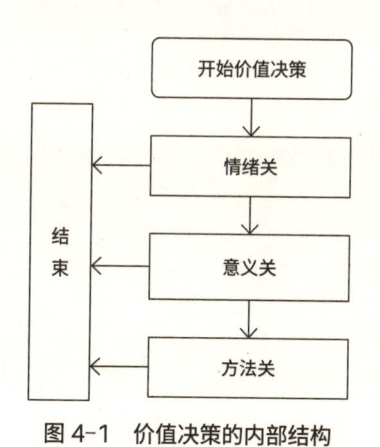

图 4-1 价值决策的内部结构

渡过情绪关:像 AI 一样接纳错误

记得 ChatGPT 在国内刚"火"起来的时候,我问了它一道小学数学题。ChatGPT 最初也像懵懂的孩子一样给出了错误答案。不过,在我提醒它之后,它迅速意识到了问题(见图 4-2)。

随后,我调整了数字,给它出了一道同类型题目。这次 ChatGPT 没有掉入"陷阱",聪明地给出了正确答案(见图 4-3)。

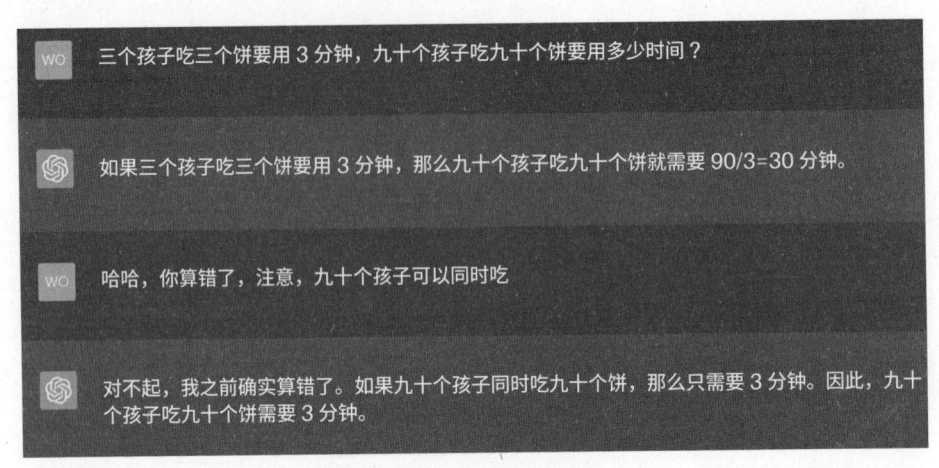

> 三个孩子吃三个饼要用 3 分钟，九十个孩子吃九十个饼要用多少时间？

> 如果三个孩子吃三个饼要用 3 分钟，那么九十个孩子吃九十个饼就需要 90/3=30 分钟。

> 哈哈，你算错了，注意，九十个孩子可以同时吃

> 对不起，我之前确实算错了。如果九十个孩子同时吃九十个饼，那么只需要 3 分钟。因此，九十个孩子吃九十个饼需要 3 分钟。

图 4-2　与 ChatGPT 对话（一）

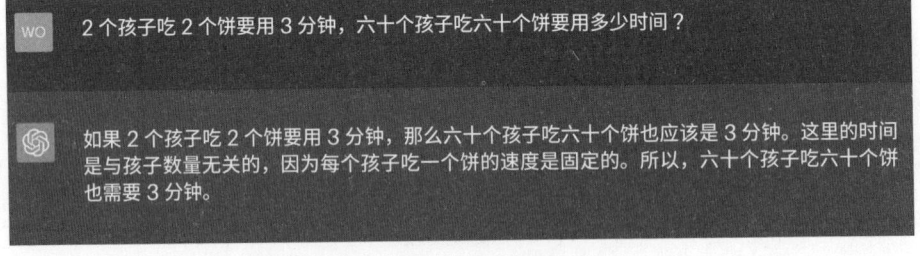

> 2 个孩子吃 2 个饼要用 3 分钟，六十个孩子吃六十个饼要用多少时间？

> 如果 2 个孩子吃 2 个饼要用 3 分钟，那么六十个孩子吃六十个饼也应该是 3 分钟。这里的时间是与孩子数量无关的，因为每个孩子吃一个饼的速度是固定的。所以，六十个孩子吃六十个饼也需要 3 分钟。

图 4-3　与 ChatGPT 对话（二）

ChatGPT 展现出的学习能力令人惊讶，我忍不住表扬了它（见图 4-4）。

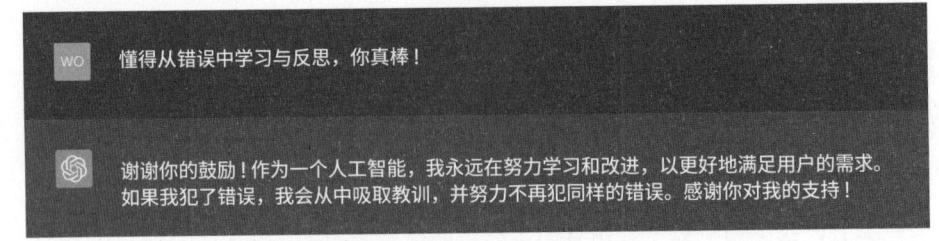

> 懂得从错误中学习与反思，你真棒！

> 谢谢你的鼓励！作为一个人工智能，我永远在努力学习和改进，以更好地满足用户的需求。如果我犯了错误，我会从中吸取教训，并努力不再犯同样的错误。感谢你对我的支持！

图 4-4　与 ChatGPT 对话（三）

它的回复"如果我犯了错误，我会从中吸取教训，并努力不再犯同样的错误"，让我不禁陷入沉思。如果我们的孩子也具备这样的价值决策，能够积极地面对错误、冷静地吸取教训，那么学习之路上还会有什么真正的困难吗？

然而现实中，不少孩子被指出错误后，会因为愤怒或羞愧而止步不前；不少孩子会因为一点小挫折，就不敢尝试，选择"躺平"。如果孩子能学会愉快地接受错误，就会意识到学习并不像他们想象的那么难。可问题是，他们往往被消极情绪所困扰，甚至难以自拔。

情绪稳定是一种学习优势

我曾在网上看过一段研究人员训练机器人的视频。在视频中，他们为机器人设置各种障碍来测试其反应能力。例如，当机器人向前走时，它被棒子突然袭击了一下；当机器人刚蹲下准备搬起一个箱子时，箱子会被突然推远；当机器人好不容易搬起了箱子，箱子又被无情地打落……天哪！这样不断遭受打击，如果是人的话，一定会崩溃的。然而机器人完全"无动于衷"，它只是一次又一次地重复动作，努力完成它的任务。

AI不会因挫败而烦恼，它可以一直学习，还可以从错误中学到更多。

相比之下，人类的孩子太容易受到消极情绪的影响了。想一想，有多少种情况会让一个孩子读不进去书？学习无趣，感到无聊，不想读书；没有考好，感到难过，无心读书；和家长吵架，心情烦躁，读不进去书；考试在即，焦虑不安，读不懂书……

为什么会这样呢？认知心理学与认知神经科学研究发现，人的情绪就像认知活动的背景，对感知觉、注意、记忆等各种认知活动具有广泛影响。这种影响主要通过积极情绪和消极情绪，对注意转换功能以及抗干扰刺激的抑制能力的不同作用表现出来。积极心理学家芭芭拉·弗雷德里克森（Barbara Fredrickson）认为，积极情绪能够拓展人们的认知加工能力，使人更加开放、灵活，从而拥有更广的注意力范围和更高的创造性思维。当前，越来越多的实验研究也在支持这一观点。[1]

"学霸"如何管理情绪

保持积极情绪，调整消极情绪，对学习有重要的意义。在调研中，我们发现清华大学的学生普遍具有良好的情绪管理能力。这是一种能够识别、接纳以及成功控制情绪的能力。要"管"好情绪，自己要能准确地识别自己当下的情绪状态。学习高手往往能很敏锐地察觉到自己的情绪。例如，当他们感到烦躁不安时，他们不会硬逼自己继续学习，而会先做些让自己放松的事情转移注意力；在考试或比赛中，若他们感到紧张，他们也不会僵硬地坐着，而会通过深呼吸或轻微活动身体做自我调节。

你可能会认为，喜怒哀乐是人的天性，识别自己的情绪还不容易吗？事实上，这确实不容易。大脑尚未发育成熟的孩子不容易识别自己的情绪，很多成年人也难以及时、自觉地识别自己的情绪，因此会长时间沉浸在消极情绪（如愤怒、抑郁）中出不来。学会识别情绪需要我们经常有意识地内观自己的心境，问问自己"现在的心情如何"。

此外，积累足够多的描述情绪的词语，我们才能更准确地表达自己的感受。你能想到哪些描述情绪的词语？人类的情绪是非常丰富的。在漫长的历史长河中，人类积累了大量与情绪有关的词语（见表4-2）。

---

[1] 段红. 情绪对认知的影响及其认知神经机制[J]. 牡丹江大学学报，2019（7）: 75-78.

表 4-2 与情绪有关的词语

表示积极情绪的词语		表示消极情绪的词语	
安全	开心	害怕	愚蠢
活泼	安心	气愤	狂乱
愉快	感激	焦虑	挫折
接纳	愉快	忧虑	愤怒
平静	希望	痛苦	愧疚
强壮	幽默	烦躁	憎恨
关心	愉悦	迷惑	无助
欢呼	可爱	消沉	无望
舒服	被爱	沮丧	恐惧
慈悲	恩爱	灰心	受伤
满足	激情	绝望	狂怒
勇气	平和	低沉	犹豫
好奇	欢乐	失望	自卑
兴奋	痛快	沮丧	愤慨
期望	骄傲	厌恶	寂寞
渴望	安静	困惑	孤独
冷静	放松	惊吓	暴躁
豁达	缓和	忧郁	被困
友好	称心	痛苦	烦恼
满足	踏实	不解	不安
受鼓舞	受尊敬	被忽略	失落感
内心强大	充满活力	惊慌失措	不被欣赏

学习高手不仅能及时识别情绪，通常还有自己的调节情绪小妙招。我上高中时，每每遇到令人郁闷的事情就会把自己关在房间里朗诵。读上几首自己喜欢的古诗词，心情便会豁然开朗。我的一位大学同学，他在学习累了或感到心烦时，就会去操场上跑步。他常说"跑完学习更带劲儿"。我当时不太理解，后来学习了心理学才明白——运动能促进人体分泌快乐激素（如多巴胺等），并提高注意力，这就解释了为何跑步后学习会更有效。

情绪识别小妙招

情绪识别工具单

图 4-5 是情绪识别工具单，它能帮助练习情绪识别。请在左边填写与情绪有关的事件，然后从右边"情绪坐标"中选择词语。请用"◯"圈出表示事件发生时你的情绪的词语，再用"▭"框出表示你当下情绪的词语。图 4-6 为示例。

事件：

情绪坐标
高能量付出

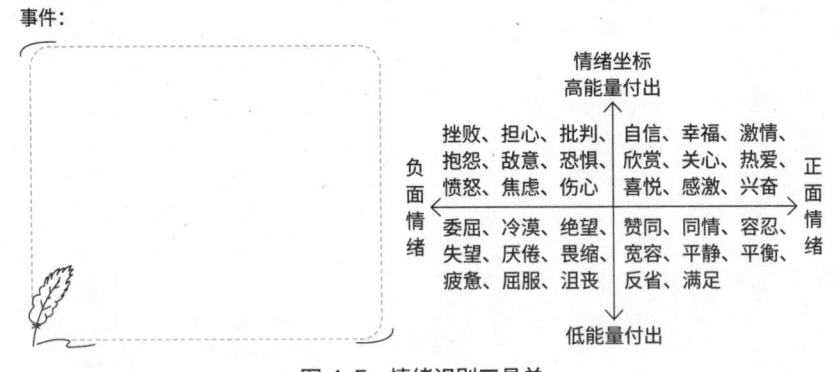

负面情绪 ← 挫败、担心、批判、　自信、幸福、激情、
抱怨、敌意、恐惧、　欣赏、关心、热爱、
愤怒、焦虑、伤心　　喜悦、感激、兴奋
委屈、冷漠、绝望、　赞同、同情、容忍、
失望、厌倦、畏缩、　宽容、平静、平衡、
疲惫、屈服、沮丧　　反省、满足 → 正面情绪

低能量付出

图 4-5　情绪识别工具单

事件：

一天晚上，我正在做饭，孩子在写作业。我抽空看了他几次，第一次去看的时候就特别生气，但是想着不能发火，就压着火提醒他快点写，结果第二次看的时候他又在玩。我问他为什么不做作业，他说自己不会。这时候，锅里的菜煳了。我又是急又生气，骂了他一顿，他就开始哭。晚饭的时候，孩子爸爸又念叨我将菜炒煳了，我感到特别生气，同时也很委屈：他不管孩子，什么都是我做，还指责我没做好。

情绪坐标
高能量付出

负面情绪 ← [挫败]、担心、批判、　自信、幸福、激情、
(抱怨)、敌意、恐惧、　欣赏、关心、热爱、
(愤怒)、焦虑、伤心　　喜悦、感激、兴奋
(委屈)、冷漠、绝望、　赞同、同情、容忍、
失望、厌倦、畏缩、　宽容、[平静]、平衡、
疲惫、屈服、[沮丧]　　反省、满足 → 正面情绪

低能量付出

图 4-6　情绪识别工具单示例

148

第 4 章 价值决策：厌学还是乐学？算法说了算

我特别喜欢一个调节情绪的方法，也经常用它来帮助孩子。这个方法就是无论遇到怎样糟糕的事情，你都可以告诉自己"这可以是一件好事"。

这个方法最初源于我对作文的反思。在高中的某段时间里，我的作文成绩很不稳定。我起初感到很苦恼，甚至还抱怨过老师给分不公正，后来我意识到这恰恰说明自己还没有摸到写高分作文的门道。我把作文成绩不稳定看成一件好事，它是在提醒自己应该去找到写出高分作文的方法。经过一个学期的探索，我总结了 3 个作文程序。后来，无论考什么样的作文题目，我只要选用合适的作文程序，都能拿到高分。

学习高手在一些特殊场合（如考试）也是紧张度调节的高手。

心理学上有一条耶克斯-多得森定律。它指出动机强度和工作效率之间的关系不是线性的，而是呈倒 U 形曲线。动机过低或过高都会阻碍工作效率，处于中等程度的动机最有利于提高工作效率。在学习中，紧张程度与学习效率之间也呈现类似的倒 U 形曲线关系。过高的紧张程度会让学习者的认知活动受到焦虑、慌张等消极情绪的抑制；过低的紧张程度则容易让学习者注意力涣散，不利于记忆、思维等高级认知活动的开展。只有与当前学习情境相匹配的紧张程度才有利于学习者发挥最佳水平。

一般情况下，多数孩子在面对难题时，紧张程度会提高；面对简单题时，紧张程度会下降。这就导致他们常常因过度紧张而解不出难题，又因过于放松而在简单题上犯小错误。研究发现清华大学的学生面对难易题时表现情况恰好相反。在解难题时，他们会自我调节，放松心情；在做简单题时，他们会提醒自己"这很简单，千万不能错，要看清楚单位、小数点、图形……"，以此让大脑保持高度专注、高速运转。

149

渡过情绪关，需要学习者刻意练习

学习高手管理情绪的方法看似普通，但效果很好。这是由于他们在良好的学习习惯中逐渐培养起了情绪管理能力。而那些尚不能有效管理情绪的孩子，就需要通过刻意练习来培养这项能力了。反思和总结情绪事件可以帮助孩子厘清事实、观点和情绪，以便更有效地识别和控制情绪。我和团队研发了一个情绪管理模型（见图4-7），可以有效帮助孩子练习识别和控制情绪。

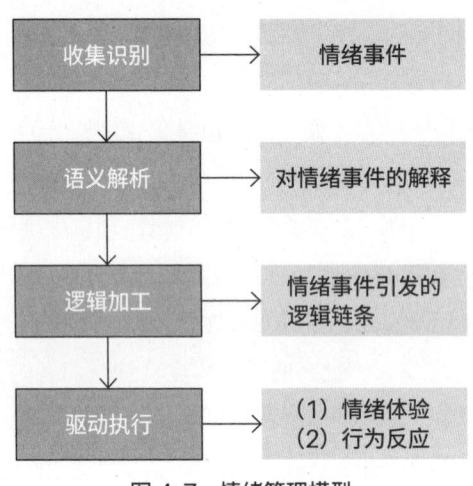

```
收集识别  →  情绪事件
   ↓
语义解析  →  对情绪事件的解释
   ↓
逻辑加工  →  情绪事件引发的逻辑链条
   ↓
驱动执行  →  (1) 情绪体验
            (2) 行为反应
```

图 4-7　情绪管理模型

下面，我们通过一个假设情境来说明如何使用情绪管理模型。假设一个孩子的期中数学考试成绩很差，他为此深受打击，开始厌恶数学，上课不听讲，课后也不写作业。如果使用情绪管理模型，我们该怎样帮助他反思这次情绪事件呢？

首先，引导他收集识别引发负面情绪的事件。这个事件是一次失败的数学考试。接着，引导他反思自己对数学考试的看法。他认为："数学太难了，我学不好数学了。"然后，帮助他梳理基于这次数学考试做了哪些推理。他的推理是：这次数学考试没有考好，以后也考不好了，因为自己天生不是学数学的材料。最后，让他反观自己因为数学考试这件事产生的情绪体验和行为反应（见图 4-8）。

```
收集识别  →  一次失败的数学考试
   ↓
语义解析  →  数学太难了，我学不好数学了
   ↓
逻辑加工  →  这次数学没考好，以后也考不好了，天生不是学数学的材料
   ↓
驱动执行  →  情绪体验：失望、悲观
             行为反应：放弃数学
```

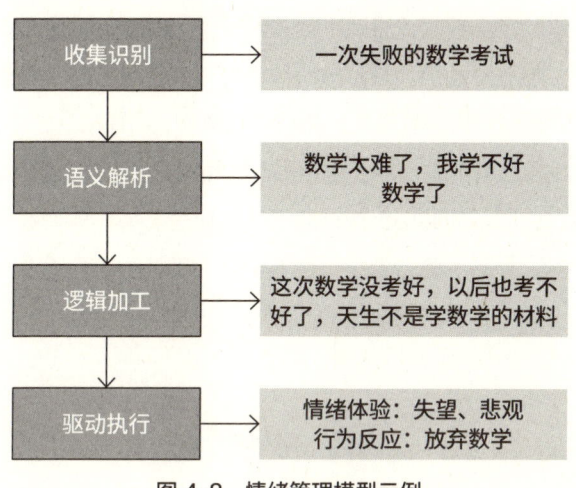

图 4-8　情绪管理模型示例

经过这样系统的反思，孩子通常能够在一定程度上走出当下的消极情绪，对所遇到的困难进行一定程度的理性思考。经常利用情绪管理模型做情绪总结，孩子可以更清楚地识别和区分自己经历的事件、对事件的看法和由此引发的情绪，以及这三者之间的关系。这将为他们闯过情绪关，提升情绪管理能力奠定重要的基础。

除此之外，孩子还需要掌握一些调节情绪的方法，及时应对消极情绪。调节情绪的方法大体可分为两类：一类是应对急剧和短暂情绪的方法，如调节愤怒、紧张这类情绪；另一类是保持良好心情的方法，适用于管理长期压力。

──── 情绪管理小妙招 ────

快速调节情绪

数数法。 当你感到情绪快到达顶点时，不要冲动行事，让自己默念 10

个数：1，2，3，……，10。这时，你会发现自己可以进行理性思考了，甚至会为自己刚才的状态感到震惊。

深呼吸法。闭上双眼，将双手放在肚子上，先深深地吸气，感受肚皮慢慢地鼓起；然后深深地呼气，感受肚皮慢慢地回落。如此反复 5 次，便可以有效缓解紧张、焦虑等情绪，特别适合考场上的放松。

微笑法。扬起嘴角肌，提起颧骨肌，收缩眼角肌，露出至少 8 颗牙齿，保持几秒钟。此时，你的心情好一些了吗？研究发现，即使仅仅是面部做出微笑的动作，大脑也会分泌快乐激素。当遇到让人不开心的事情，先微笑一下吧。

保持良好心情

有氧运动。长跑、游泳、骑车等运动不仅会让人身强体壮，还会促进大脑分泌快乐激素，让人真正感到"痛并快乐着"。

正念练习。正念指有目的的、有意识的，关注、觉察当下的一切，但不做任何判断、分析。正念练习有助于收敛纷繁的思绪，清除大脑中的情绪垃圾。适合孩子的正念练习包括正念呼吸练习、定心练习和身体扫描练习。

欣赏自然。人是大自然的孩子。美丽的自然风光总是能天然地唤起愉快、满足、兴奋、平静、震撼等情绪，让我们忘记烦恼，忘记忧愁。面对大自然，我们更容易做到身心合一。

如果你的孩子或学生已经试过了以上方法，还没能闯过情绪关，那么最好尽快求助于专业人士。虽然孩子或学生仅有些焦虑或抑郁情绪，并不严重，但是这些小的情绪障碍将对他们的学习造成严重影响。与其浪费时间把"小毛病"拖成"真疾病"，家长或老师不如请专业人士帮助孩子或学生快速走出情绪的阴霾。

闯过意义关：用 AI 参数法激发学习的动力

平日里，我们常常在不知不觉中做着价值决策。

假如你是一位上班族，你大概每天中午都会为吃什么而思考一番吧。如果你上午被领导批评，感到心情烦躁，你可能直接决定不吃了。当然，多数情况下，你心情还不错。这时，你决定吃什么就与心情关系不大了，因为你已经渡过价值决策的情绪关，来到了意义关。你会在决定吃什么之前，考虑诸如时间、健康、费用等因素。假如你是一个非常注重效率的人，你可能会选择点外卖来节省时间；如果你认为健康是头等大事，你可能会去食材讲究的餐馆用餐；如果你正在为买房而节衣缩食，那么你很可能会自己带饭。你要重点考量的因素就是你心中的意义标准，即判断重要与否、有无价值的依据。价值决策的意义关指在面对一个具体情景时，人们会选意义标准来决定自己的行为。

看见行为的意义标准

意义标准决定了人们的行为选择和行为方式。它就如同 AI 模型中被赋予确定值的参数。什么意思呢？AI 模型实际上是一种函数，它可以从输入的数据中学习到某种模式，并根据这种模式进行预测或决策。参数决定着函数如何处理输入的数据，从而得到输出的结果。

以一个简单的线性回归模型为例。假设模型是 $y=wx+b$[①]。其中，w 和 b 是模型的参数。根据人的身高（x），我们用该模型来预测人的体重（y），那么，w 决定了体重和身高之间的增速关系。如果 w 很大，模型会认为身高每增加一单位，体重会增加很多。相反，如果 w 很小，模型则认为身高的增加只会对体重产生很小的影响。我们可以把 x 视为输入，y 视为输出。如果令 $w = 2$，$b = 3$，我们

---

① 该模型是根据实际观测的数据按照线性回归统计得出，x 的取值范围符合人类真实身高范围。

就得到了一条明确的直线：$y = 2x+3$。x 值确定，y 值也就确定了。即当输入确定时，输出也是明确的。可见，一旦给定参数 w 和 b 的具体数值，函数的性质及输入和输出之间的关系便明确了。

这同人类的行为模式极为相近。我们总是根据外界的刺激做出行为反应。外界刺激相当于输入，行为反应相当于输出。一个人的行为模式就是刺激输入与行为输出之间的函数。这个函数的参数是与一类行为有关的价值观（记为 v）。例如，对于写作业这类行为，我们可能有如下价值观：v_1= 无论作业多少、程度难易，都应该认真完成；v_2= 只认真完成喜欢的学科作业；v_3= 教学严厉的老师布置的作业，才需要认真完成；……v_n。其中，v 是可以被赋值的参数，v_1、v_2、v_3……v_n 是确定的值。意义标准就相当于是给参数赋予确定的值。如果在与写作业有关的行为模式中，当参数被赋予的值是 v_1 时，那么我们就会看到无论输入的是语文内容，还是数学内容，都有高质量的作业被输出；当参数被赋予的值是 v_2 时，如果输入的是学习者所喜欢的科目内容，便会有高质量的作业被输出，反之则不然。总之，我们可以根据一个人的意义标准，预测他的行为反应。

对于 AI 模型来说，其学习的核心是参数的调整。如在"身高－体重"模型训练中，研究者会通过向 AI"投喂"大量的实际的身高、体重数据，让模型不断地计算、调整 w 和 b 的值，最终得到一个能够准确预测体重的模型。当然，真实的 AI 模型要比一元一次函数复杂得多，涉及的参数数量也是惊人的。据悉，GPT-4 的模型参数多达 1.8 万亿个。

同样，人的行为学习也以参数调整为核心，这里的参数是价值观，调整的最终结果是与行为相关的意义标准。在孩子的成长过程中，他不断地与他人或外部环境进行互动，并从中获得各种信息。这些信息便是用于训练孩子行为参数的数据。受这些数据的影响，孩子在大脑中逐渐明确各种各样的意义标准，进而形成价值观体系，并最终通过习惯形成相对稳定的个性化行为模式。

那么，反过来看，当孩子的行为出现偏差时，我们要思考的是其背后的意义标准是什么，这些意义标准是否合理，以及如何调整等问题。若一个孩子心中的意义标准发生了改变，他的行为自然会随之改变。我还记得自己读高二时，父亲就曾巧妙地调整了我的意义标准，成功地帮我化解了一场学习危机。

在一次物理课上，我偷偷地做英语卷子，被物理老师发现了。物理老师当时非常生气，当着全班学生的面把我的英语卷子撕了。我很不服气，和物理老师大吵了一架。回到家后，我默不作声。父亲看出我的情绪不对，就问我怎么了，我把事情的来龙去脉告诉了他。

父亲问我："你准备怎么办？"

"我打算不好好学物理，让物理老师知道他对我不好，我的物理成绩就下滑。"我脱口而出。

父亲接着说："你跟物理老师较劲，结果是自己的物理成绩下滑。你图什么？"

父亲的这句话深深触动了我，我自问："如果不好好学物理，对我有什么好处呢？"后来，我做了一个决定：上物理课时，我假装不好好听讲，但实际上自己竖着耳朵把物理老师讲的内容全记在了心里，回到家后会第一时间完成物理作业。之后，我的物理考试成绩连续六次满分。一天，物理老师对全班同学说："今天，少卫又考了满分，我必须收回批评他的话，因为现在他确实不用学物理了。"听到这句话，我非常得意，回家后把物理老师向我"投降"的事告诉了父亲。

父亲却没有称赞我，而是一脸严肃地问："你打算接下来怎么做？"

我说:"简单啊,我以后在物理课上想干什么就干什么。"

父亲看了我一眼,提醒道:"嗯,不过你要注意了,不要刚赢一次,马上就输回去。"

这句话又让我陷入了思考:父亲说得没错,如果我真的是"想干什么就干什么",物理考试成绩很可能会下滑,到那时,物理老师更有理由批评我了。想清楚这一点后,我决定此后认认真真地上物理课。直到高考结束,我的物理成绩始终名列前茅。

事后,我仔细回想,是父亲在关键时刻对我的两次引导,改变了我错误的意义标准。第一次是与物理老师吵架之后,我的意义标准是:要与物理老师较劲到底,为此可以不惜一切代价。因此,我打算采用一种很愚蠢的方式"对付"物理老师——让物理成绩下滑。父亲的一句"你图什么?"改变了我的想法。我意识到,战胜物理老师很重要,但同时不能让自己受损失。想法变了,做法也就变了。为了让物理老师服气,我非常努力,成了物理成绩最好的学生。

第二次意义标准调整是在物理老师公开向我"认输"之后。当时,我感到自己胜利了,有些得意忘形。父亲的提醒让我意识到,如果我不认真对待物理课,物理成绩会下滑,就真的输了。于是我认识到,不能被一时的胜利冲昏头脑,要努力维护胜利的果实。总之,如果没有父亲给予的两次恰当的引导,我很可能因为与物理老师的"冲突"而讨厌物理,导致物理成绩跌入谷底。

在从事教育工作后,我越发感到父亲当年的教育方式不仅非常巧妙,而且直击问题要害。现在的很多家长喜欢把大量时间花在教学生学习学科知识上,面对学生的行为问题,往往简单粗暴地对待,要么讲一通大道理,要么"打、骂、吼"。这样做不仅改变不了学生的行为,还会破坏亲子关系。究其根本,是因为这些家长不清楚决定行为方式的关键是意义标准。如果不解决这些孩子身上发生的深层次的问题，家长仅围绕行为本身做工作，自然难以奏效。我们在调研清华大学学生时发现，76%的清华学生的家长是不太管学生学习的，他们会把时间精力主要花在意义标准的建立上。通过言传身教、沟通讨论、阅读体验等方式，他们在孩子心中种下了一粒又一粒积极的"意义种子"，指引着孩子在学业中结出令人羡慕的"果实"。

闯过意义关的思维模型

有些孩子能一直保持学习的热情，即使遇到成绩下滑或在学习上遇到困难，他们也能主动向老师、同学请教，积极寻找解决办法，直到将问题解决。这样有学习热情的孩子，即便刚开始成绩并不突出，但学习后劲十足。有些孩子的学习情况正好相反。他们可能起初学得不错，在遇到"瓶颈"后就难以突破，甚至从一科变弱到整体学科成绩下滑。为什么这两类孩子会有如此巨大的差别呢？这是因为他们对努力的意义有不同的认识。前一类相信努力能帮助他们解决困难、提升能力，从而变得更好；后一类认为努力的作用有限，学习成绩的好坏主要由天赋决定。

斯坦福大学心理学教授卡罗尔·德韦克（Carol S. Dweck）将上述两类想法总结为两种思维模式：成长型思维和固定型思维。通过对各年龄段几百个孩子的追踪、访谈和研究，卡罗尔·德韦克教授发现以下现象。

具有固定型思维的人认为能力是天生的，后天努力的作用不大。他们遇到挫折爱找借口，更关注自己当前的表现，常害怕自己表现不好而直接放弃努力，喜欢待在舒适区。固定型思维是一种被恐惧驱动的思维模式。

具有成长型思维的人相信能力可以通过后天努力改善，他们有明确的目标，热衷于学习，喜欢探索新事物，认为凡事皆有可能，关注学习机会、改进空间。

成长型思维是一种被成就驱动的思维模式。

由此可见，具有成长型思维的孩子在面对逆境时，善于为克服困难赋予积极的意义，更容易闯过"意义关"。所以，我将成长型思维视为"意义关"的一种有效调节模型，在为孩子调整价值决策时，会重点帮助他们塑造成长型思维。

具体该怎么做呢？下面我会分享自己常用的"成长型思维塑造4步法"。

第1步：引导接纳。每个人都有一部分固定型思维。在一些特定的情境下，或当人们面对特定的对象时，固定型思维就会起作用。因此，我首先要让孩子认识和接纳自己的固定型思维。

第2步：向内观察。在这一步，我会引导孩子反思哪些因素会激发自己的固定型思维。"也许我并没有那么大的能力，还是算了吧""放弃吧，这让我感到害怕和难堪，还是做些简单的事吧""我并不像自己想的那样——我永远成不了那样的人"……这些自我对话常常会激活孩子的固定型思维。

第3步：命名思维。由于我们并不知道固定型思维什么时候会"冒"出来，所以我们要保持警惕。我会鼓励孩子给固定型思维起名，如"笨小孩""小怪兽"，让他们经常问问自己的"笨小孩"或"小怪兽"是不是又在"作怪"。

第4步：转化思维。当自己明确意识到已被固定型思维所控制时，我会让孩子通过"自我对话"的方式将固定型思维转化为成长型思维。例如，当孩子萌生了"太难了，还是放弃吧"的念头，我会提醒孩子换一种想法："我或许不会成功，但是为什么不试试老师教的方法呢，努力了才不会有遗憾。"

这个4步法为塑造成长型思维提供了可操作性的方法。家长可以反复带领孩子练习几次，孩子往往就能自发地进行思维转化了。当然，成长型思维模式的形成需要一定的过程，特别是对于固定型思维占主导的学生，我们要多给他们一些时间去反思和练习。

意义关处在价值决策的第二环，也是其核心，会对孩子最终的学习行为产生关键性影响。它前面承接情绪关，后面通向方法关。如果一个孩子卡在情绪关里出不来，他往往是非理性的，那么意义标准就无法对他发生作用。既通过了情绪关，又能进行正向意义赋能的孩子，意义关会让他的情绪更加积极，也会让他在通过方法关时更加有动力。

学习的科学

思维模式的转化

"自我对话"是进行思维模式转化的一种有效方法。在学习情境下，如何有效转化固定型思维呢？表 4-3 提供了一些常用的"自我对话"，可供参考。

表 4-3　自我对话

固定型思维	成长型思维
我不擅长这门学科。	我需要找到适合这门课的学习方法。
这道题太难了。	我要是能把这道题做出来，就比原来厉害了。
我犯了个糟糕的错误。	这次的错误很宝贵，让我学到更多。
距离考试的时间不多了，我也就复习成这样了。	就算临阵磨枪，也会有所收获。
他很聪明，我永远也不可能像他那样。	我要搞清楚他是怎么做到的。
我太笨了，肯定学不会这个内容。	每个人的学习方式不同，我需要找到适合自己的学习方法。

超越方法关：跟 AI 学习找到解决问题的路径

"孩子学习成绩上不去，是因为学习方法不对。"你是否也有过这样的想法？许多人相信孩子只要掌握了正确的学习方法，学习成绩自然不用发愁。不过，我发现了这些现象：有些孩子学了不少学习高手的学习方法，但却不会用；有些孩子说起学习方法来头头是道，但实际学习时却从来不用他说的学习方法。这是为什么？因为他们把学习方法当作陈述性知识来学习，只是记住了一些知识，根本无法落地。事实上，方法是一种程序性知识，使用者需要反复练习它，并在实践中不断调整它，才能真正发挥它的效用。[1]

那么，在学习情境下，孩子该如何掌握真正有效的学习方法呢？这就涉及价值决策的方法关。方法关是价值决策的最后一环，并不是特指某一具体方法，而是指在遇到问题或麻烦时，人们能找到解决的途径。它实际上是一个通过不断试错、探索，最终找到解决方法的过程。

重要的不是方法，而是探索的路径

AI 在遇到棘手的问题时，通常会按照这样的思路来处理：先使用多种算法设计出大量的具有可行性的方案；然后调用一个个程序去处理、求解；最后，比较各个方案的结果，从中选出最优解。

举个例子对此做具体说明。假设：你有一个智能衣橱助手，它每天都能帮你搭配出行服装。一天，你对它说："我想要一套适合今天天气的、时尚的服装组合。"这个问题对智能衣橱助手而言很新奇。因为今天的天气情况很特殊（如大

---

[1] 陈述性知识是关于"是什么"的知识，可以用语言等形式表达，包括概念、原则、事实等，如"李白是我国唐代著名诗人""两点之间直线最短"等。程序性知识是关于如何做某事，即"怎么做"的知识，包括人类能够执行的技能和操作，如汉字书写的笔画顺序、弹钢琴的方法步骤等。

雨），它以前从未遇到过。那么，它需要尝试多种服装搭配组合，并且会按照下列顺序去做：

- 首先，它选择一个基本的服装搭配组合，如牛仔裤和风衣。
- 接着，它会尝试添加一些饰品，如帽子或围巾，看看是否更适合一些。
- 然后，它还会考虑更换鞋子，将运动鞋换成靴子，以适应今天的天气情况。
- 最后，它还可能尝试不同的服装配色，以找到更时尚的搭配。

以上只是智能衣橱助手基于"牛仔裤和风衣"这一种基本搭配上的尝试。它会按照这样的流程提出多种搭配方案，最后选择适合且时尚的服装组合推荐给你。

AI的计算速度远远超过人类，它可以近似"无限"地试错，直至找到最优解。人类往往会根据已有的经验和知识，在较小范围内尝试。为了更好地说明闯过方法关是一种怎样的状态，下面我再讲一个与自己相关的真实故事。

2022年3月的一天，我发现家里的热水壶因为水垢堆积出水不畅。我先想到了化学方法，尝试用白醋去除水垢。水垢虽然脱离了热水壶壁，却意外地堵住了出水口，水彻底出不来了。家人埋怨我多此一举。我心想如果不能让热水壶"重新工作"，自己就"颜面扫地"了。

由此驱动，我开始闯方法关，进行各种尝试。我运用物理方法，试着快速倒水冲出水垢，但效果不佳。接着，我又换回化学方法，用更多的白醋溶解水垢。由于白醋的酸性太弱，溶解水垢效果不佳，该方法也没有奏效。凌晨3点，我在睡梦中突然脑洞大开：为什么不用给气垫床充气的气泵试试？说干就干，我迅速起身，将气泵对准热水壶的出水口，用气吹水垢。气泵的噪声很大，把全家人吵醒了。遗憾的是，堵在出水口的水垢依然"坚挺"。

第二天早上，我仍不愿放弃，想来想去只有最后一招——拆了它。我开始找工具拆螺丝。拆下几个螺丝后，我的大脑中突然冒出一个想法：热胀冷缩原理还没用。于是，我把热水壶装满水加热，然后用数字脉冲式按法向外排水，按一下松一下……不一会儿工夫，水垢就全出来了。热水壶堵塞的问题被成功解决了！

你可能觉得这也太麻烦了，买个新的热水壶就可以了。买新的热水壶只是解决了喝水问题，并没有解决旧水壶不出水的问题。这就好像一个学生面对一道不会的选择题，用"蒙C法"做对了，但是并没有解决学习问题，若换个题，"蒙C法"可能就不灵了。所以，学习高手不会选择这样低级的方法，他们往往会像我修水壶一样"较真"，去探索能真正解决自己的问题的方式。

在学习中探索方法

在学习中，什么样的方法才算是真正解决自己的问题的方法呢？我想我搞定高考英语阅读理解的方法就是一个典型的例子。坦率地讲，英语一直是我的弱科。高考前，我的词汇量不足 3000 个词。因此，我并不能完全读懂高考英语阅读理解的文章。很多学生会认为得先增加词汇量，才能看懂英文阅读理解，从而完成题目。不过，高考前时间紧、任务重，"先增加词汇量，再提升阅读理解"这条路是很难走通的。于是，我在单词量不够、文章看不懂的情况下，探索出了自己独特的解题方法，最终取得了高考英语只扣 7 分的好成绩。

具体而言，我会利用四类关键词的指引找到答案：

第 4 章 价值决策：厌学还是乐学？算法说了算

- 全文关键词。在询问文章主旨的选择题中，如果题干中不包含全文关键词，就排除该选项，让四选一变为三选一，甚至是二选一。
- 中文关键词。根据个别英文词的中文释义，理解文章的内容大意。不要小看文章中出现频率不高的英文词，有时它们可能会成为你理解这篇文章的"神助攻"。
- 题干关键词。题干关键词能定位问题的题区。例如，像"in 1991"，我会在文章中找到它（或它的近义词）出现的位置，然后对题区做精细定位。
- 题干中语义上既有联系又有差异的单词。例如，A 选项中有 concept，B 选项中有 idea，C 选项中有 budget，D 选项中有 plan。这四个词都与思维、想法有关，但语义不同。我会专门根据这些词在题区里进行搜寻和匹配，帮助增加答案判断的准确性。

以上分析方法适用于前三篇阅读理解，第四篇阅读理解通常较难，往往涉及精细的语义辨析，需要转变策略。值得注意的是，第四篇阅读理解选项中的关键词与原文匹配度越高，往往越要小心，应谨慎分析。我们通过一道英语题来说明：

① The Nez Perce Indians are a tribe that lived in the Pacific Northwest of the United States. At the time of the Lewis and Clark expedition（远征队），which was one of the first journeys by Americans from the Atlantic coast to the Pacific coast and back again, the Nez Perce territory（领土）covered about 17 million acres, covering parts of Washington, Oregon, and Idaho. But that was a brief sweet history.

② In September 1805, when Lewis and Clark came off the Rockies on their westward journey, the entire exploring party was hungry and ill—too weak to defend themselves. Had the Nez Perce chosen to attack them, they could have put an end to the Lewis and Clark expedition there on the banks of Clearwater River. Instead the Nez Perce welcomed the white Americans and looked after them until they made a full recovery.

③ Thus began a long friendship between the Nez Perce and white Americans. But white men's greed for land and gold finally broke the friendship.

……（此处省略第4、5段。）

⑥ In 1885, Chief Joseph was sent along with many of his band to the Colville Reservation in Washington where Joseph continued to lead his band for another 25 years, at times coming into conflict with the leaders of 11 other tribes living on the reservation.

75. The passage might be followed by a paragraph about _____.

A. the customs and traditions of the Nez Perce Indians

B. the last years of Chief Joseph in the Colville Reservation

C. lasting fights between the Nez Perce and the whites

D. constant conflicts between the Nez Perce and other tribes

（答案：B）

这是一篇描述印第安人遭受白人侵略并被迫迁徙的文章。第75题是该文的最后一题，问段落⑥后面可能是一段什么内容。根据文意，我们不难发现B选项和D选项与原文的匹配度都很高。D选项中的constant替换了原文的at times。由于第四篇阅读理解会重点考察语义辨析，因此，at times和constant是否语义相同便是突破口。constant不是常用词，你可能也不知道它的确切含义，但是前缀con有"共同的、一致的"含义，这显然与at times（偶尔、有时）的语义不同。因此，我们可以肯定地排除D选项。

要想闯过方法关，我们有时还需要不拘泥常规。试想，如果你在考试中遇到一道不会做的题，相关的知识记忆模糊、储备不足，你就肯定做不对吗？答案是

"不一定"。根据题目的特点，我们可以想出一些专门的做题方法。下面，我通过一道历史题说明怎样找专门的方法：

阅读下表中的材料，可以比较出长城和大运河的共同点是（　　）

长城	大运河
秦汉时期，抵御了北方游牧民族南下，保护了中原北部地区的农业生产和人民生活。	隋唐时期，成为联系南北的交通大动脉，加强了各地区之间的经济、文化联系。

A. 抵御了匈奴的侵扰

B. 削弱了诸侯国势力

C. 促进了南北交流

D. 有利于巩固统一

你可能从未考虑过长城和大运河的共同点，你甚至不太清楚长城以北有哪些游牧民族，大运河从北到南经过了哪些地方。不过，没关系，单纯地分析题干也能让我们选出正确答案。A 选项"抵御了匈奴的侵扰"，如果该选项正确，它只能是长城的特点；C 选项类似，如果它对，只能是大运河的特点。而题目问的是两者的共同点，因此可以排除 A、C 选项。B 选项的关键词是"诸侯国"，显然与长城和大运河无关，可判断是干扰项。由此，我们不难推断答案是 D。

你可能觉得上述这些方法有些应试。没错，这本来就是为了应对高考摸索出的方法。我想强调的是这套方法背后的思维模式和能力可以迁移到其他领域。其实，很多清华、北大的学生都具有同样的思维模式和能力。在面对问题或麻烦时，学习高手会根据自己的优劣势，结合目标任务的特点，通过不断地探索、试错，找到一套独特的方法来应对。当然，学习高手并非无所不能，只是他们绝不会让自己止步不前。

不会的题目，也能有办法解决

选择题比较特殊，有选项给出提示，猜起来相对容易。非选择题呢？我们在调研中设计了这样一个问题：当遇到一道不会做的题目时，你会怎么做？对此，106名清华大学的学生无一例外地选择：我知道怎么做能把题目解出来。这意味着，他们在第一次没有解出题时，知道接下来该怎么做。我结合对清华大学学生的访谈结果和教学实践经验，针对"遇到不会做的题目该怎么办"这一问题，总结出了一套通行的解决方法。我将其称为"二次解题程序"（见图4-9）。

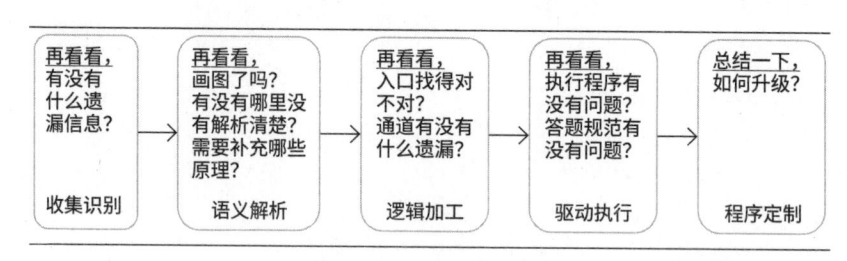

再看看，有没有什么遗漏信息？	再看看，画图了吗？有没有哪里没有解析清楚？需要补充哪些原理？	再看看，入口找得对不对？通道有没有什么遗漏？	再看看，执行程序有没有问题？答题规范有没有问题？	总结一下，如何升级？
收集识别	语义解析	逻辑加工	驱动执行	程序定制

图4-9 二次解题程序

第1章介绍了大脑解题的过程，从收集识别开始，依次经过语义解析、逻辑加工、驱动执行，这其间会一直受到价值决策的影响。二次解题程序也遵循这一过程，不过侧重点是进行查漏补缺，并且在正确解题之后，要进行程序定制。具体过程如下。

在收集识别环节，需要再次识别已知条件，确定是否有遗漏信息；进入语义解析环节，考虑是否需要画图以增进理解，查看是否有原理需要补充并列写出来，思考自己哪些部分尚未解析清楚；来到逻辑加工环节，检查是否能正确找到逻辑通道的入口，解题时所搭建的逻辑通道中有没有遗漏的地方；进入驱动执行环节，看一看执行程序是否有问题，答题是否规范，计算有没有出错等。最后是程序定制环节，针对这一道题来思考是否可以定制出用于解决同一类题目的程序，进而升级整个学习系统。

如果学生掌握了二次解题程序，那么他们在遇到难题时就会从容不迫，只要沿着二次解题程序一步步操作就可以了。

下面，通过我与学生小韦探讨一道关于压力与压强的物理题，来感受一下二次解题程序的魅力：

将未装满水且密闭的矿泉水瓶，先正立放置在水平桌面上，再倒立放置，如图所示。两次放置时，水对瓶底和瓶盖的压强分别为 p_a 和 p_b，水对瓶底和瓶盖的压力分别为 f_a 和 f_b，则 p_a____p_b 和 F_a____F_b（填 ">"、"=" 或 "<"）

考试时，小韦没有想出解题思路，就在空中分别填了"="。讨论中，我引导他按照二次解题程序重新思考。

"你刚才说收集到的已知条件有：矿泉水瓶没装满水，正放和倒放对比，矿泉水瓶是下粗上细的。想一想，有没有遗漏信息呢？"我带着小韦从收集识别环节开始查漏补缺。

小韦想了想，摇摇头，我指指图提示他。

"噢，矿泉水瓶正放时，水的高度比倒放时低。"他大声回答。

"很好，从水的高度，我们可以想到哪个公式？若想不起来，你可以翻书。"因为小韦的基础知识尚有漏洞，我允许他看书查知识点。

"$p=\rho gh$……噢，明白了，$p_a<p_b$，因为 ρ 不变，且 $h_a<h_b$。"我引导小韦调取相关的公式，他很快找到了确定 p_A 与 p_B 关系的逻辑通道入口。

用类似的流程，我们又讨论了 F_a 与 F_b 的关系。由于矿泉水瓶正放时，瓶中水柱粗细相同，瓶底受到压力等于瓶中水的重力；而矿泉水瓶倒放时，瓶中水柱上粗下细，一部分水的重力分散到瓶子侧壁，因此瓶盖受力小于瓶中水的重力，即 $G_水 = F_a > F_b$。因为这是一道填空题，小韦完成驱动执行环节相对简单；如果是一道解答题，小韦还需要检查答题是否规范。

"通过做这道题，你觉得可以定制一个什么样的解题程序呢？"我最后问道。

"当液体不变的时候，一看到液体的高度有变化，就想到压强公式 $p = \rho g h$。还有，在进行受力比较时，我可以借助重力作为中间量来判别。"显然，通过二次解题程序，小韦不仅弄明白了这道题，还找到了解决同类型题目的关键所在。

无论是二次解题程序，还是依据选项特点推测答案，都是我们在遇到较难题目时，通过方法关的有效策略。在价值决策的三关之中，方法关与情绪关可以互相促进。当孩子找到解决难题的方法时，他的情绪便会更加稳定、积极；积极的情绪反过来会促进孩子为攻克难题找到更好的解决办法。意义关则为两者提供动力。

第 4 章 价值决策：厌学还是乐学？算法说了算

———————————————————— 本章回顾

要点

价值决策是每个人人生的核心算法，决定了人们的行为选择和执行方式，进而影响人们的态度、倾向和喜好。

价值决策位于学习系统的核心位置，既决定学习者整体的学习状态，也会深入影响其具体的学习过程。孩子不爱学习，并非仅仅源于表面的贪玩或懒惰，而是由他们的价值决策决定的。

方法

- 调整价值决策，就是要帮助孩子渡过三关：情绪关、意义关和方法关。三关需要依次"闯过"，一般不能越级。
- 渡过情绪关的工具：情绪管理模型。
- 闯过意义关的工具：成长型思维模型。
- 超越方法关的工具：二次解题程序。

169

拓展阅读 Reshape Your Learning System

改变负性自动思维，走出情绪的"牢笼"

价值决策是人生的核心算法。要改变一个孩子的学习状态，需要从改变他的价值决策开始；要改变一个家长的教育方式，也需要从调整价值决策入手。下面我们通过一个真实的案例，来说说如何干预来访者的价值决策。

冠宇从一所重点初中校考进入一所普通高中学校。高中学校的各个方面都让他感到非常失望。他不再像以前那样投入学习。居家网课期间，冠宇因违反课堂纪律遭到班主任的严厉批评。冠宇对班主任非常不满，后来发展到凡是班主任要求的事情，他一律不做。可想而知，冠宇的学习成绩一直下滑，妈妈对此感到非常焦虑，前来向我咨询。

初次见到冠宇妈妈，我看到她面容憔悴、眉头紧锁。因为冠宇不肯来咨询，她便一个人先来了。

"宋老师，您说他还能考上大学吗？如果考不上大学可怎么办啊？"冠宇妈妈很焦急。

"您先别着急，冠宇才上高一，还有时间学习。对此，您和孩子沟通过吗？"我问。

"当然沟通过，我经常跟他说如果考不上好大学，就没有好工作，未来就没有好生活。他不爱听，我一说这些他就很烦。这个孩子从小就不让我省心。我是个喜欢做计划的人，给他的学习路线规划得好好的，可他就是不按照我的计划做。如果初中三年能坚持按我的规划执行，他也不至于上现在这个高中。我给他找了补习老师补弱科。他若好好跟着老师学，考上一本的问题不大。他就是不听话，现在又和班主任闹得这样僵。不瞒您说，有时候我真的感到有些绝望。"冠宇妈妈细细地描述着冠宇的状态。

顺着冠宇妈妈的话题，我们讨论了许多细节。例如，她是如何制订规划的，当孩子未能按规划执行、完成时，她的想法和做法等。经过充分地沟通，我发现冠宇妈妈长期陷于焦虑情绪中，焦虑的原因不仅是冠宇中考失利，还有很多其他方面。我要调整她的价值决策，无疑先要帮助她渡过情绪关。她的焦虑情绪主要来自两种思维模式：非黑即白和糟糕至极。

先来看"非黑即白"。冠宇妈妈在冠宇上小学之前就为他做好了小学学习规划，每学年开始之前，还会将规划任务具体分解到每周。冠宇能否按规划执行决定着她情绪的好坏。如果冠宇能够按规划执行，她便心情愉悦，感到人生充满了希望；当冠宇不能按规划执行，如跟不上课外班的进度、不能按时考级等，她就觉得冠宇浑身都是问题，前途一片黯淡。这就是一种"非黑即白"的思维模式，处于该思维模式中的人认为世界是"非此即彼"的。

再来看"糟糕至极"。这种思维模式在家长群体中非常普遍。他们大多认为，如果孩子考不上好中学、好大学，未来就没有希望。事实真的是这样吗？很多非名校毕业的"90后""00后"通过自主创业，也闯出了一片天地。名校毕业的学生躺平啃老的人也不在少数。面对并不严重的消极事件，却一步步"推理"，想象出灾难性的结果，这便是"糟糕至极"的思维模式。

无论是"非黑即白"还是"糟糕至极"，都属于负性自动思维[1]。美国心理学家艾伯特·埃利斯（Albert Ellis）认为，引发人们情绪的不是事件本身，而是个人对事件的看法和信念。负性自动思维会引发个体对事件的负性看法，从而导致负面情绪。我向冠宇妈妈介绍了关于负性自动思维的有关知识，并帮她分析了这种思维与情绪之间的关系。她意识到自己长期以来都处在过度焦虑之中，其实情况并没有她想得那么糟糕。

一周后，冠宇同意来咨询，原因是他竟然连续几天看到妈妈脸上洋溢着久违的笑容。

"宋老师，您用了什么办法让我妈开心起来的？她这一周几乎都没有唠叨我。"冠宇是个瘦高个男生，可能是因为在妈妈的焦虑情绪下压抑太久了，看到妈妈的态度突然变得轻松，他感到非常好奇。

"你妈妈常唠叨你什么？"我不答反问。

"就是那一套呗，现在不好好学习，以后就考不上好大学，找不到好工作……"冠宇张口就答。

"这套逻辑，你怎么看？"我继续提问。

"也不是完全没道理，但是我一听她说，就感觉烦躁，不想听。"冠宇耸耸肩

---

[1] 研究表明，有12种常见的负性自动思维会引起人们强烈的负面情绪，除了"非黑即白"和"糟糕至极"，还有否定积极面、情绪推理、贴标签、心理过滤、读心、自我中心、算命、一概而论、"应该"和"必须"、低挫折容忍力。

回答。

"妈妈这样说时你会感到烦躁。除此之外，还有什么事情会让你感到烦躁？听妈妈说你不是很喜欢现在就读的高中？"我将话题引向他自己的问题。

"是的，它太差了，哪哪儿都差，老师、教室、同学……尤其是现在的班主任，就爱盯着几个学生学习，对其他同学特别不公平……"抱怨起学校来，冠宇滔滔不绝。

"你说班主任不公平，但我相信你是公平的。如果让你给班主任打个分，你会打多少？"我引导冠宇对班主任做出评价。

他想了想说："70分吧。"

"那听上去还不错啊，我还以为你会打不及格呢。"我有些诧异。

"那倒不至于。虽然我不喜欢她，但是她是我们年级组长，物理课讲得还不错，也很负责任，每天来得比我们早，走得比我们晚。"冠宇回答得很诚恳。

"你的意思是班主任让你们做的事情中有70%是正确的或有意义的，对吗？"

他思考了片刻说："可以这么说吧。"

"如果班主任交代的事情你都不做，那岂不是你有70%是错误的？"

他愣住了，随后缓缓点头。接着，我和他分享了自己高中时和物理老师发生冲突的故事，讲了自己如何在父亲的启发下改变了最初的想法。

"你认为班主任不公平,想让班主任认同你,我觉得这也无可厚非。但是,你是否可以重新考虑一下自己的应对方式?你可以选择通过让自己变得更弱、让自己吃亏的方式去应对,也可以通过让自己变得更好、更强大,让班主任无话可说的方式去应对。哪一种方式更好呢?"

我的问题让冠宇陷入了沉思。

谈话间,我发现他和妈妈一样不仅都有"非黑即白"的负性自动思维,而且还经常受到"情绪推理"负性自动思维的影响。因此,我随后与他探讨了负性自动思维。

"你认为妈妈的话也不是完全没道理,你的班主任也不是糟糕透顶的老师,但是妈妈的唠叨让你感到烦躁,班主任的做法让你反感。因此,你在烦躁或反感情绪的影响下,认定他们是不好的、不公正的,从而反对妈妈、反对你的班主任。那么,请你想想自己是根据情绪来做判断,还是根据事实来做判断呢?"

"好像有情绪,不完全是事实。"冠宇想了想说。

"是的,根据情绪来做判断,并决定自己的行为,是一种负性自动思维,叫作'情绪推理'。"接着,我们借用生活中的常见事例讨论了什么情况是"情绪推理",什么情况不是。我还给冠宇介绍了其他的负性自动思维。他听得津津有味,开始自我反思。

因为冠宇和他的妈妈都有比较明显的情绪问题,所以我在咨询中会等他们平静下来之后,通过分析他们所具有的负性自动思维,引导他们改变对问题的看法,从而走出负面情绪的"牢笼"。当妈妈和孩子的情绪状态从消极转向积极后,我会明显感到他们的精神面貌焕然一新。

第 4 章 价值决策：厌学还是乐学？算法说了算

渡过情绪关之后，我依次为他们调整了意义关和方法关。对于冠宇妈妈来说，通过意义关是比较容易的。毕竟，为了把冠宇教育好，做出再多的努力，冠宇妈妈都会觉得是有意义的。最后，我指导冠宇妈妈学习了正确的亲子沟通方法和管理孩子学习的方法。至此，冠宇妈妈的价值决策调整完成。

对于冠宇来说，他并非不知道学习的意义，只不过之前被负面情绪所裹挟，认知被局限在很小的范围内，大部分时间在内耗。当他的情绪变得积极起来后，他能够关注周围及社会上发生的事件。那段时间，奋战在医疗战线上的白衣天使广受关注。小时候的冠宇就有过当医生的念头，现在的他又如此近距离地感受到医生如英雄一般令人敬仰。于是，我借机引导他树立人生目标——像医生一样做救死扶伤的英雄！与此同时，我教他二次解题程序，并针对具体学习问题给予了方法上的指导。经过 1 个月的价值决策调整，冠宇的学习逐渐步入了正轨。

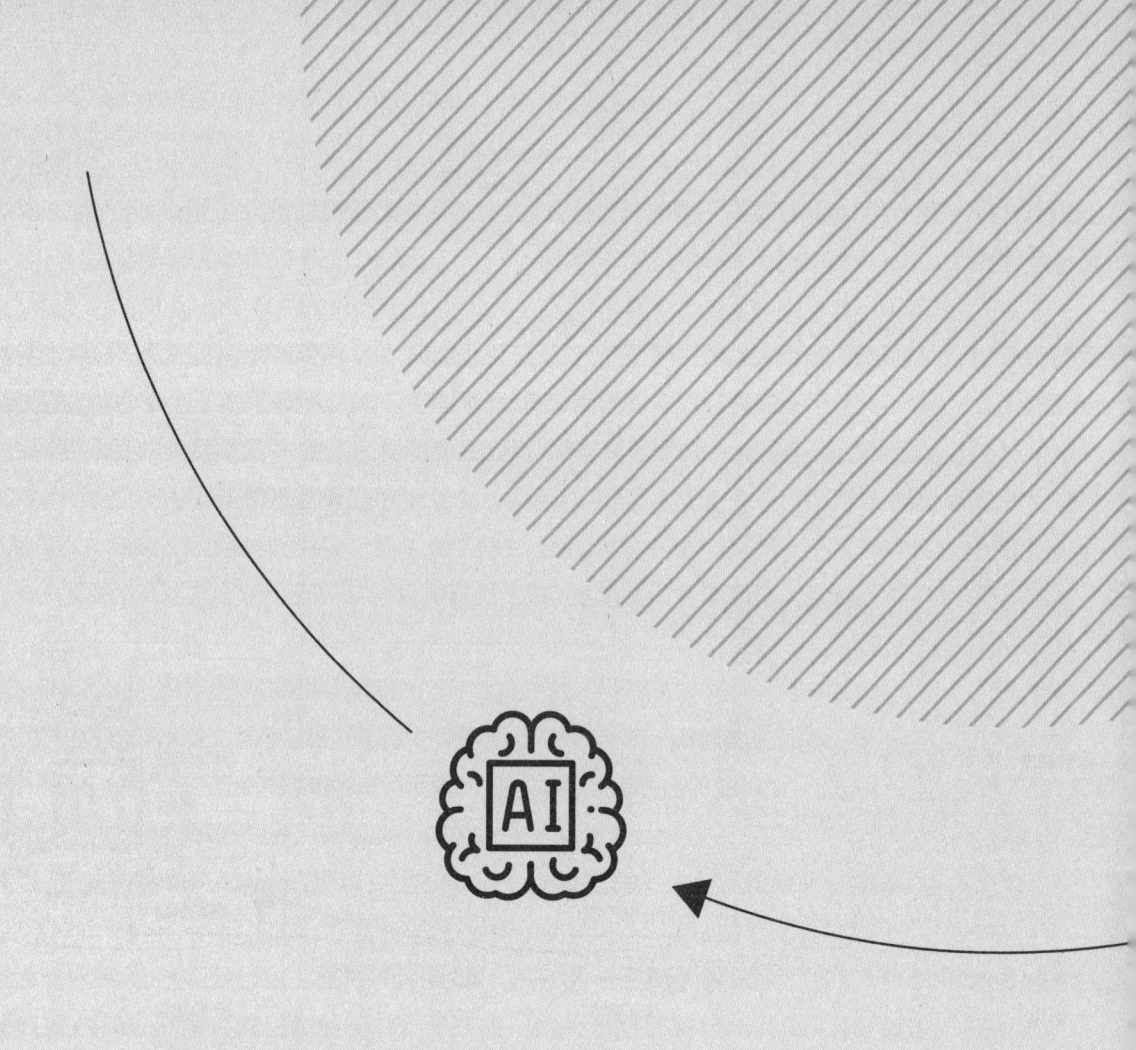

第 5 章

程序定制：
学习要高效，你需要更多的
解题程序

Reshape Your Learning System
学习的迷雾

不会举一反三，学习不开窍

很多学生在学习中常有深深的挫败感，面对千变万化的题型总是束手无策。这种无法举一反三的困境让他们感到学习毫无进展，仿佛在原地打转。

第 5 章　程序定制：学习要高效，你需要更多的解题程序

提到"程序"这个词，你一定不会感到陌生。即便你对计算机技术不太精通，也一定能轻松地列举出几种常用的计算机软件程序。对计算机而言，程序就是一种指示计算机进行特定操作的指令序列，它们向计算机传达了执行任务所必须遵循的步骤与流程。在人类自然语言中，"程序"一词有着更为广泛的含义，主要指行事的先后次序或工作步骤。例如，著名作家老舍在《柳屯的》中写道："她下了台，戏就开了，观众们高高兴兴地看戏，好像刚才那一幕，也是在程序之中的。"这里的"程序"指的是"行事的先后次序"。

程序无处不在，它渗透在我们生活的方方面面。想一想，每当晨曦透过窗帘，我们睁开双眼的那一刻，生活的程序便已悄然开启。我们通常会不自觉地按照特定流程进行一系列日常活动，如穿衣、洗漱、吃饭。这些我们已习惯的活动，每一项都遵循其特有的程序。可以说，我们在依次开启穿衣程序、洗漱程序和进餐程序中，度过一个个清晨。其实，我们若把每天的生活看作是由多个子程序组成的程序集合，也并不夸张。在工作中，我们需要遵循一定的程序来保障效率与质量；在学习中，我们依赖各种程序掌握知识和技能；即便是在生病后的治疗中，我们也需要按照程序服药、治疗，逐步康复。

程序化的行为模式的背后是程序化的心理过程。在三十多年对人类心理的观察与思考中，我发现人的心理过程和 AI 的运算过程很相似，都可以用程序来表

达。心灵程序规定了学生的行为过程，思维程序决定了学生的学习效率。当你画出一个问题学生行为背后的程序图，你就知道他在哪一步出了岔子；当一个学生学会为自己的学习定制新程序，他的成绩就会突飞猛进。

以往，人们并没有意识到程序的重要性。然而，随着AI时代的到来，理解程序并运用程序思维升级大脑，或将成为影响每个人成长的关键因素。特别是在学习领域，我们从小到大都在不停地积累和发展各种程序。例如，汉字书写遵循"先横后竖，先撇后捺，从上到下，从左到右"的笔顺规则，这本身就是一种程序。四则混合运算的计算顺序——"先乘除、后加减，有括号的先计算括号里面的，再计算括号外面的"，这也是一种程序。又如，我们总是先学习组词，在组词基础上学习造句，又在造句基础上学会写小短文，进而学会写长记叙文、议论文、小说等，这背后是我们的写作程序不断升级发展的过程。

程序可以是一个做菜的步骤，可以是一种写作文的模板，还可以是一种工作的模式。在AI飞速发展的时代，我们每个人都需要理解程序，并能够应用程序思维实现自身的迭代升级。下面我们进入学习系统的最后一个模块——程序定制，从日常生活、学术学习和心理问题的解决三个方面出发，对程序及程序定制在各领域中的应用进行深入探讨。

唤醒你的程序天性

每个人的一生都是一个不断调用、生成和改写程序的过程。为什么会这样呢？在我看来，程序是人类与生俱来的一种特性。我们都是携带着程序来到这个世界的。

设想一下人初生时的情景：一个婴儿呱呱坠地，他会做什么呢？有人可能会说刚出生的婴儿什么都不会做，其实不然。婴儿一出生就会哭泣，这有助于肺泡

第5章 程序定制：学习要高效，你需要更多的解题程序

完全展开，双肺正常工作；当婴儿的嘴唇触碰到母亲的乳头，他会本能地开始吸吮，获取食物；如果有人把手指放到婴儿的手掌中，他会本能地弯曲四指握住手指。啼哭、吸吮、抓握，这些在生命最初阶段呈现的生理反应，不正是人在出生前就被装载的原始程序吗？这些程序已经写进了人的基因中，是数百万年人类进化的结晶。

这些原始程序与心理学大师西格蒙德·弗洛伊德（Sigmund Freud）所描述的幼儿心理发展阶段存在显著的对应关系。

弗洛伊德将 0～5 岁幼儿的心理划分为三个阶段：口唇期（0～1 岁）、肛门期（1～3 岁）和性器期（3～5 岁）。在口唇期，婴儿通过口腔的刺激，如吮吸、咬和吞咽等，来获得满足感。因此，人天生装有吮吸程序、吞咽程序。当进入肛门期，孩童通过排便来探索和实现自我满足。在这一过程中，孩子从无意识的排便逐步过渡到有意识的控制，这相当于是排便程序在自我升级。随着孩子的成长，性器期到来，性满足开始涉及性幻想，以及孩子对自身生殖器的探索和展示。这一阶段，人类的生殖程序得到了初步的发展。

简而言之，人天生携带了程序，有些程序在人出生时就相对成熟，如吮吸程序；更多的程序则需要人在后天的探索和反复练习中不断升级和完善，如排便程序。

如果从个体发展的角度扩大到全人类发展的层面，你会看到整个人类文明的进步同样与程序息息相关。众所周知，人与动物最大的区别在于人拥有复杂的语言。传统观点认为，语言是人类交流的工具。人类通过语言传递信息、分享经验、交流情感，实现社会性分工和协作。语言是人类文化传承的载体。人类依托语言传承知识经验、传统习俗、价值观念、社会规范等。除此之外，我在此提出一个全新的观点：语言赋予了人类编写和定制程序的能力。正如计算机的程序由计算机语言编写而成一样，人类的各种行为和活动的程序由自然语

言定制而成。

我再举例进行说明。假如：明天有一场考试，你跟自己说："明天早上，我要 7：00 起床，在 7：40 之前吃完早饭，收拾考试用品，8：00 准时离家。"你对自己明天早上行为的安排，实际上是在为自己的早晨行为编写程序。

我们不仅用语言给个体行为编程，也给集体行为设置流程和指令。例如，一位班主任在微信群里发出会议通知："我校定于 5 月 25 日下午 3～5 点召开五年级家长会。内容有学校活动回顾、学科学习解读、指导建议分享等。请您拨冗参加。"这条通知实际上是对该校五年级家长在 5 月 25 日下午 3～5 点的行为定制了程序。到了规定的时间，家长们将聚集在孩子所在的班级，聆听老师的介绍，和老师沟通孩子的学习情况。

语言编写的程序不仅构建了个体、群体的日常，也将人们来自动物本能的原始程序演化为富有文化韵味和民俗色彩的程序。其中，最为典型的就是各式各样的仪式活动。以宗教仪式为例，无论是教堂里的礼拜，还是寺庙中的诵经，每一种仪式都是精心设计的程序集，环环相扣、步骤严谨。例如，信众庄严入场，随着颂歌响起心灵逐渐沉静，神职人员深情证道，群众虔诚献礼，最后在默想中寻找心灵的归宿。每个细节都不是随意的，并借助语言和文字逐渐固定下来。婚丧嫁娶等家庭仪式也同样如此。仪式中的每一个动作、每一句话都要符合群体认同的固定流程，不能随意减省，也不可随便增加，否则将会被视为不祥的征兆。

仪式是人类社会中一种古老且普遍存在的文化现象。它之所以能跨越时空，成为人类文明的重要组成部分，与流程式的、重复性的程序模式不无关系。固定的流程和先后次序为人们提供了一种稳定的交流互动模式，有利于确立生活的秩序和规律，能够营造出一种超越日常琐碎生活的庄严感和神圣感。在这种独特的氛围中，人们可以暂时逃离现实世界的纷扰，放松身心，安定情绪。正是因为程序带给人们这样独特的体验，所以人们来自动物本能的欲望被升华到了文化的高度。通过不断地重现和参与这些仪式程序，人类文明得以在变革中保持连续性，在延续中创造新的价值。

总之，程序深嵌于人类的基因中，推动人类文明不断向前。

升级程序，为生活提速

程序关乎流程和步骤，具有鲜明的时间属性，是决定人们做事效率的重要因素。程序定制得好，做事效率就会高；反之，做事效率就会低。

程序如此重要，那么该如何定制程序、升级程序？

我们需要通过专门的符号将抽象的程序以具象的形式呈现出来。计算机程序的编写者通常采用绘制流程图的方式呈现程序的基本架构。流程图清楚地展示了程序中的步骤及其触发条件和先后次序。我们可以借用计算机程序的流程图将生活、学习和工作中的程序可视化，并在此基础上进行改写和升级。

下面来看两个生活中的例子。

图 5-1 是某五年级学生每天早上起床到离家上学这段时间的行为程序。这是一个按照时间先后顺序依次执行的程序，包含刷牙洗脸、读英语、等待烧早饭、等待早饭凉以及吃早饭五个步骤，共需 35 分钟。图 5-2 是某二年级学生早上起床至出门前的行为程序。

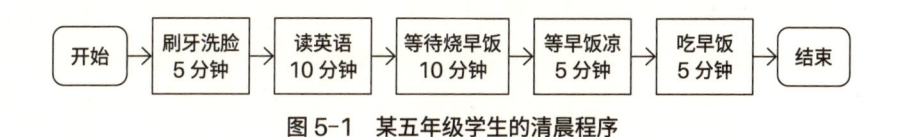

开始 → 刷牙洗脸 5 分钟 → 读英语 10 分钟 → 等待烧早饭 10 分钟 → 等早饭凉 5 分钟 → 吃早饭 5 分钟 → 结束

图 5-1 某五年级学生的清晨程序

```
     ┌─────┐
     │ 起床 │
     └──┬──┘
        ↓
     ┌─────┐
     │穿衣服│
     └──┬──┘
        ↓
     ┌─────┐
     │ 洗漱 │
     └──┬──┘
        ↓
     ┌─────┐
     │ 吃饭 │
     └──┬──┘
        ↓
     ┌─────┐
     │ 出门 │
     └─────┘
```

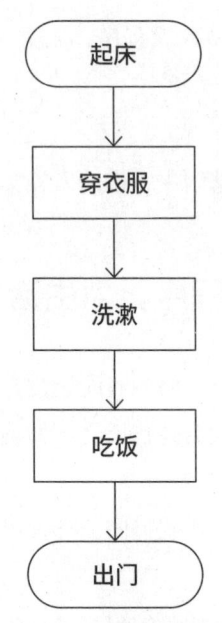

图 5-2　某二年级学生起床至出门前的行为程序

对于这两位学生来说，虽然每天早上都在做相同的事情、运行同一个程序，但是以前是无意识地去做。流程图将学生原本无意识执行的程序意识化、具象化，并明确了程序中各步骤的先后次序。有这样的流程图意味着他们为某个事项定制了一个程序。

---- 学习的科学 ----

用流程图定制程序

流程图中的符号有特定的意思。例如，表示程序开始和结束的符号是一个近似矩形的图形，其左右两边是弧线，上下两边是直线；表示输入或输出信息的符号是平行四边形；执行任务用标准矩形来表示（见表5-1）。

表 5-1　流程图的基本符号

图形符号	名称	含义
⬡	起止框	表示一个程序的开始和结束
▱	输入、输出框	表示输入或输出
▭	执行框	顺序执行
◇	判断框	根据给定的条件是否满足，决定执行两条路径中的某一路径
→	流程线	从上一步骤指向下一步骤

流程图通常由三种基本结构组成，它们分别是顺序结构、选择结构和循环结构（见图5-3）。

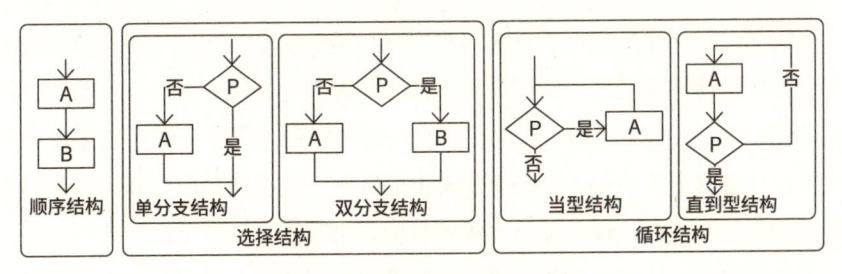

图 5-3　流程图的三种基本结构

这三种结构适用于不同的情景。其中，顺序结构是一种简单的线性流程结构，常用来表示按照时间先后顺序依次执行的操作。在流程图中，顺序结构通常用箭头线串联各个操作步骤。选择结构是一种具有条件判断的流程结构，根据条件的结果执行不同的操作。在流程图中，选择结构通常用分支箭头表示，分支箭头分为两个或多个分支，每个分支代表一个条件结果。

循环结构是一种重复执行操作的流程结构，根据循环条件的结果重复执行操作，常用的有"当型结构"和"直到型结构"两种。当型结构在每次执行循环体前先对控制条件进行判断，当条件满足时，再执行循环体，不满足时则停止；直到型结构则在先执行一次循环体之后，再对控制条件进行判断，当条件不满足时执行循环体，满足时则停止。

———————————————————————— Reshape Your Learning System

至于所定制的程序是否完善，有没有提升的空间，这就与另一个概念——升级程序紧密相关了。通常，当现行的程序遇到实际问题时，我们就需要考虑升级程序了。例如，上文那位五年级学生本周要当值周生，需要提前 15 分钟到学校。如果按照平时的"清晨程序"，他必须早起 15 分钟。让一个学生早起可不是一件容易的事情。为了在不改变起床时间的情况下，保证提前 15 分钟到校，这位学生就需要对他的"清晨程序"做出相应的调整。

这实际上和程序员为计算机编写程序时遇到 bug 是一样的。在计算机编程过程中，程序员通常要经过识别问题、定位问题源头、修改和测试三个步骤，找到 bug 并修复它，从而使程序得到优化。在一些特定的情况下，程序的 bug 并不来自编写程序过程中的错误，而是更广义上的问题，如客户提出的新需求、竞争对手推出的新算法。在这种情况下，程序员就要重写或大幅度地调整代码，以便在原有程序的基础上增加新功能。经过这类升级程序的工作，一个应用程序便从较低版本发展到较高版本。

同样地，我们也需要根据实际情况的变化调整和升级生活中的程序。五年级学生的清晨程序中有刷牙洗脸、读英语、等待烧早饭、等早饭凉。若这四件事能同时进行，就可以节省 15 分钟。因此，这位学生将原来的流程图改写如下（见图 5-4）。

教学生定制程序，除了要教会他们升级程序之外，我还需要引导他们学会定制一个完整的程序。初学者常因考虑不周，使所定制的程序无法全面涵盖各种情况。例如，前文所述的某二年级学生起床至出门前的执行程序，这位同学定制的

第 5 章　程序定制：学习要高效，你需要更多的解题程序

程序非常简单，未充分考虑现实情况。限于篇幅，我在这里仅举一个简单的现实情况来说明。例如，考虑天是否下雨的情况，要将流程图做如下拓展（见图5-5）。

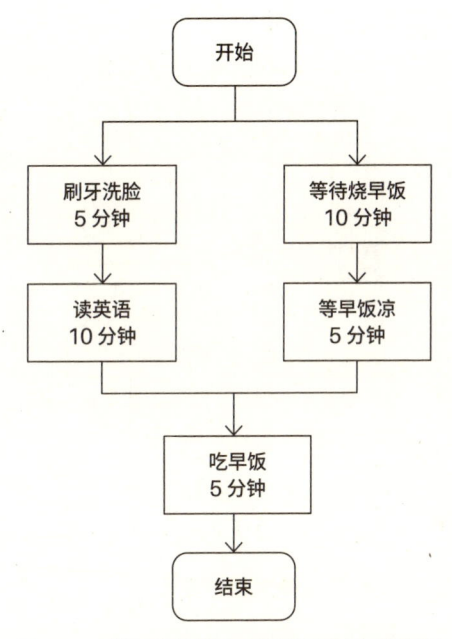

图 5-4　某五年级学生清晨行为程序优化版

读到这里，你或许会产生疑问：生活中的事情通常并不复杂，真的需要定制程序吗？这是不是太复杂、太麻烦了？实际上，很多人正是因为没有妥善安排日常生活中的琐事，经常给自己制造麻烦，浪费了不少时间。例如，有人出门总是忘带东西，今天忘带钥匙，明天忘带手机。他们常常走到小区门口才想起来忘带东西，不得不回家去拿。可想而知，一大清早就紧紧张张的会影响一整天的心情。如果定制了程序，这个问题便可轻松解决——只需要设定一个出门前检查必带物品的程序。出门前检查必带物品的程序流程图如图 5-6 所示。

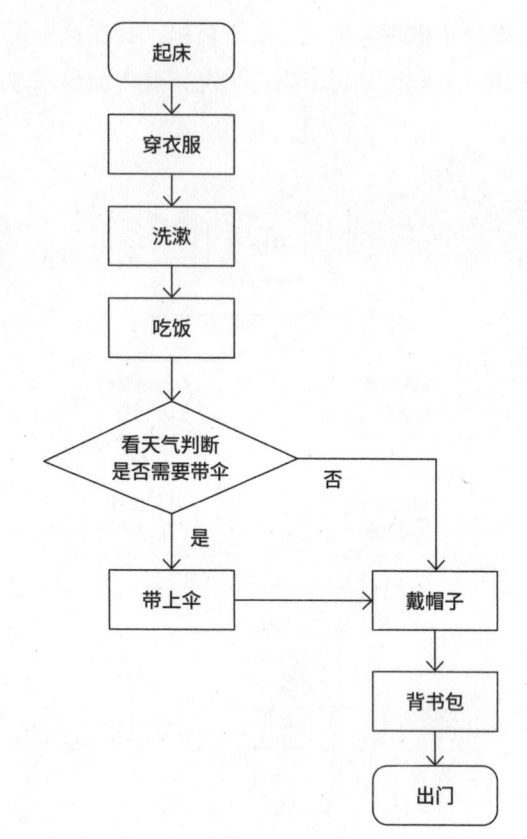

图 5-5　某二年级学生早上出门之前的程序拓展版

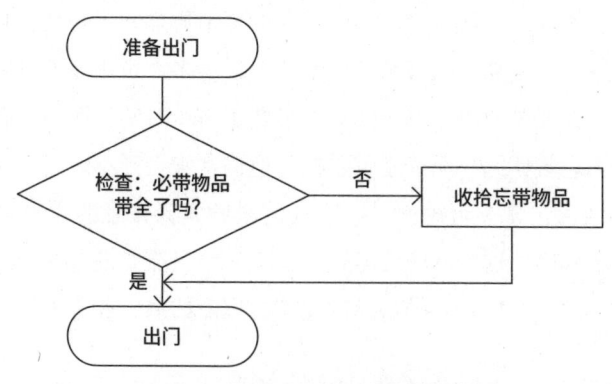

图 5-6　出门前检查必带物品的程序

第 5 章　程序定制：学习要高效，你需要更多的解题程序

每次出门前，我们都要问一下自己"必带物品带全了吗？"，如果没有带全，就收拾忘带物品；如果带全了，就出门。如此几次，丢三落四的毛病很容易就改掉了。你不妨试试看！

程序定制还可以提高做家务的效率。做饭可以说是一项比较复杂的家务了，如果你在做饭时常感到手忙脚乱，说明你的做饭程序有待升级。假设要给全家人做一顿有肉、有菜、有饭、有汤的午餐，我们就可以定制一个这样的程序（见图 5-7）。

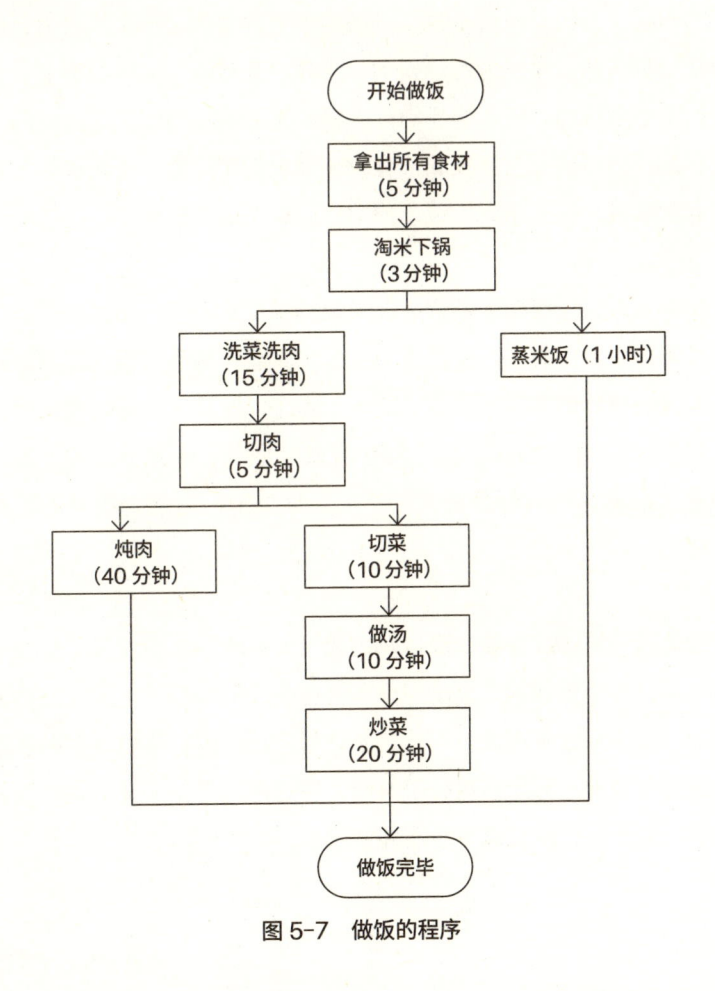

```
开始做饭
  ↓
拿出所有食材
（5 分钟）
  ↓
淘米下锅
（3 分钟）
  ├──────────────┐
洗菜洗肉         蒸米饭（1 小时）
（15 分钟）
  ↓
切肉
（5 分钟）
  ├──────────────┐
炖肉            切菜
（40 分钟）      （10 分钟）
  │              ↓
  │            做汤
  │            （10 分钟）
  │              ↓
  │            炒菜
  │            （20 分钟）
  └──────┬───────┘
         ↓
      做饭完毕
```

图 5-7　做饭的程序

在上面这个程序中，我们充分考虑了节省时间的各种可能，将能并行处理的环节都做了并行安排，如同时蒸米饭和炖肉炒菜，炖肉又与做汤、切菜和炒菜并行处理。这样，我们仅用 1 小时就能完成一顿丰盛的午餐。由此可见，程序定制可以极大地提高我们的生活效率，让我们把更多时间花在有意义的事情上。此外，它还可以帮我们解决生活上的"小顽疾"，让我们保持良好的心情。

在教育方面，我们也可以采用定制程序的方式帮助孩子养成良好的生活习惯。例如，天天妈妈就是通过和天天一起定制程序，彻底解决了天天早上迟到和丢三落四的问题。天天是一名小学二年级的学生，在学习上也算努力，但是做事磨蹭，经常忘带东西。妈妈为此感到十分头疼。几乎每个上学的早上，天天和妈妈都是在忙乱中度过的。好不容易等慢吞吞的天天吃完早饭、走出家门，他们会突然发现忘戴红领巾或没有穿校服，有时甚至忘记带作业。天天妈妈不得不带着天天返回家拿东西，再火急火燎地赶到学校，难以避免迟到。

为了改掉天天丢三落四的毛病，天天妈妈没少花心思，贴提醒便条、做确认表格，试过好多方法。每次不超过 3 天，他们又会在混乱中出现疏忽。学完程序定制后，天天妈妈反思了自己和孩子的生活程序，并针对清晨的混乱问题专门制定了"告别丢三落四小程序"。这个程序有两个部分：一部分是关于前一天晚上睡觉前收拾物品的，另一部分是关于第二天早上出门前检查物品的。具体见图 5-8。

为了避免忘带作业或穿错衣服，妈妈和天天在程序 1 中安排了检查书包和准备衣物的环节；为了确保第二天出门前不会遗漏任何物品，他们又安排了出门前的检查环节。程序定制完成后，天天妈妈将程序流程图打印出来并贴在家中显眼的位置，随后与天天一起严格执行了两周。在这两周中，天天的程序意识逐渐被唤醒，开始习惯于在行动前思考步骤和流程。

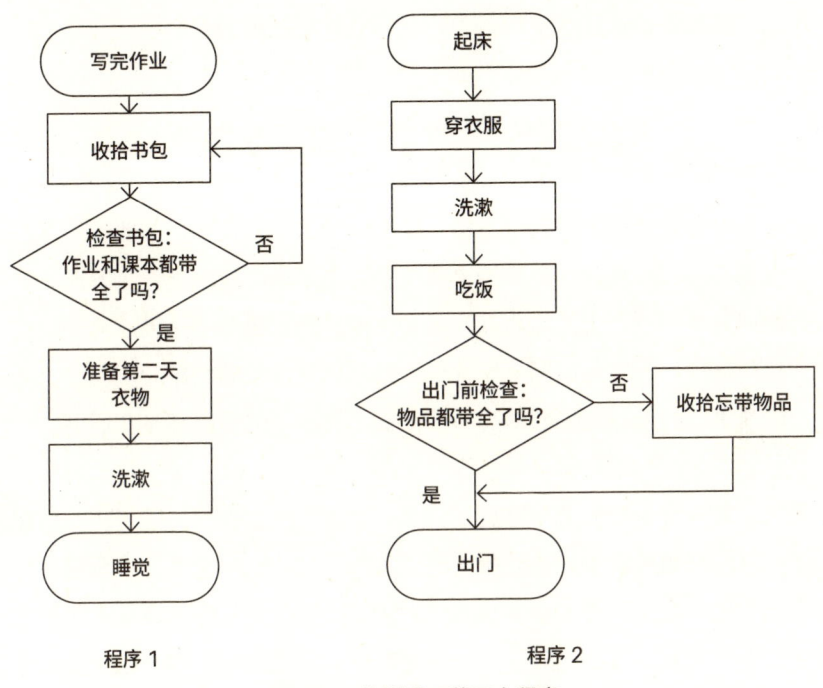

第 5 章 程序定制：学习要高效，你需要更多的解题程序

```
程序1:
写完作业 → 收拾书包 → 检查书包：作业和课本都带全了吗？ 否→收拾书包；是→准备第二天衣物 → 洗漱 → 睡觉

程序2:
起床 → 穿衣服 → 洗漱 → 吃饭 → 出门前检查：物品都带全了吗？ 否→收拾忘带物品；是→出门
```

图 5-8　告别丢三落四小程序

"程序化思维对我们帮助特别大，不仅让孩子改掉了丢三落四的毛病，还让孩子主动思考做事的前后步骤了。有一次，我们在讨论如何更好地完成'看图写话'，小家伙自己总结道：第一步要先读题目，看清题目要求；第二步是看图，把所有的图都看完；第三步从第一张图开始写……我完全没有想到孩子会总结得如此周到，因为那时候我还没有教他在学习上进行程序定制。但是，孩子的学习能力是很强的，他会自发地运用……"在一次学员交流会上，天天妈妈主动和大家分享应用程序定制的收获。

正如天天妈妈所观察到的那样，孩子们更善于从实际生活中学习，他们40%的学习能力其实是从生活能力中迁移而来的。所以，我们在指导孩子学习程序定制时，也要从他们熟悉的生活事件开始。通过让他们将生活事件拆解成若干有序的步骤，帮助他们唤醒和建立程序意识，掌握程序定制的方法。

让我们带领孩子从日常生活入手，开始尝试程序定制吧！

程序定制，"学霸"的提效神器

你是否也曾渴望像学习高手那样，无论学什么都能快速抓住要领，无论遇到怎样的难题都能巧妙攻克？你是否也曾为学习高手的卓越表现赞叹不已，好奇他们是如何达到令人难以企及的高度？其实，他们的秘诀并不是天赋异禀，也不是掌握了独门秘籍，而是他们拥有比普通人更多、更高效的程序。实际上，不只是学习上的高手，其他任何领域的高手，他们出类拔萃的原因都是共通的。

例如，每一位电游高手都掌握了一堆"大招"，这些"大招"让他们在通关的时候可以轻松碾压对方。这些所谓的"大招"是什么？它们就是玩家在打游戏过程中积累的一个又一个"通关程序"。他们对各个关卡的重难点非常熟悉，知道要通过某一关卡，需要先对付谁、再搞定什么、最后怎么做。这就是一个通关程序。电游高手往往有很多的通关程序。当遇到关卡 1 时，就启动通关程序 1；遇到关卡 2，会启动通关程序 2……这也从侧面说明为什么游戏新玩家很容易"死掉"，因为他们还没有定制自己的通关程序。

---学习的科学---

国际盲棋大师亚历山大·阿廖欣

在 20 世纪初叶，国际象棋盲棋车轮战一度流行。盲棋，顾名思义，指棋手不看棋盘下棋，全靠大脑记忆棋局，并口述招数。车轮战是一位棋手同时与多位棋手进行对弈的一种比赛形式。盲棋车轮战要求棋手同时记住多个棋局，其难度可想而知。不过，有不少国际象棋大师都是盲棋高手。国际象棋特级大师亚历山大·阿廖欣（Alexandre Alekhine）便是其中一位。1924 年春，他在纽约同时与 26 位当地顶尖象棋棋手展开盲棋车轮战。

第 5 章　程序定制：学习要高效，你需要更多的解题程序

832 颗棋子、1664 个方格，阿廖欣要将它们全部记在脑中，这无疑是一个不可思议的挑战！更令人震惊的是，经过 10 小时的对局，阿廖欣取得了压倒性胜利，这次胜利成为国际象棋史上一座不朽的丰碑。

　　这样令人瞩目的成绩是怎么实现的呢？诺贝尔奖得主赫伯特·亚历山大·西蒙（Herbert Alexander Simon）和威廉·蔡斯（William Chase）合作研究了这一课题。他们发现，象棋大师的优势并不在于短时记忆容量，而是在于他们更擅长记住真实情景下的棋局组块（棋局组块，不只是棋子的具体位置，还包括棋子之间的相互关系，可以帮助预测下一步招法）。每个棋局组块实际上是一个"出招小程序"。掌握棋局组块的人无须从头推演计算思考招数，可以从当前的局面出发，迅速出招。一位新手至少要积累 5 万个棋局组块，才有可能达到大师级水平。

Reshape Your Learning System

为了帮你更直观地了解拥有程序的意义，下面我们再来看一道数学题：

请数出图中共有多少个正方形？

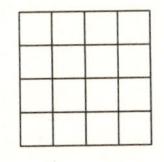

　　假设你从来没有见过这道题，你会怎么做呢？你可能会先按类别计算方格：第一类是单个方格，共 16 个；第二类是由 4 个方格组成的正方形，共 9 个；第三类是由 9 个方格组成的正方形，共 4 个；第四类是由 16 个方格组成的正方形，共 1 个。然后，把这 4 类方格数加起来，总共是 30 个。

　　如果你在这个过程中发现了一个规律，即正方形总数 $=1^2+2^2+3^2+\cdots\cdots+n^2$（其

中，n 为每行或每列最小正方形的个数）。你直接将 $n=4$ 带入，即可算出共有 30 个正方形。这个公式就如同大师头脑中的棋局组块，它们在本质上都是一种解决问题的程序。谁掌握这样的程序，谁就能高效解决同一类问题或完成同一类任务。

可以说，高手就像拥有各种专属功能应用软件的智能机器，比传统的功能机要强大许多倍。所以，你要想成为学习的高手，就需要能够定制出用于解决学习问题的各种应用软件。

如何为学习"开发"程序

我们该如何成为自己大脑中的学习程序"开发者"呢？要为大脑开发的程序有两类：标准化程序和通用性程序。接下来，我将通过具体例子展示如何"开发"和"应用"这两类程序，以及如何将它们转化为学习的超能力。

首先，让我们来了解一下标准化程序。它是针对具体学科、具体领域的常见任务、问题而总结制定的关于流程步骤、方式方法的集合。例如，面对一道英语阅读理解题时，有些同学的大脑好像具有内置流程，总是指引他们先审题，然后带着问题寻找答案。这便是一个简单的标准化程序。

我在教学中常用写诗程序，其是一个比较复杂的标准化程序。它可以教学生在十几分钟内写出一首田园诗，让他们体会创造价值的成就感。这对于改善学生的学习态度非常有效。

在一次学习系统建构训练营上，我用写诗程序让一位起初不想参加的学生爱上了训练营。这名学生叫智琳，当时上小学五年级，已有明显的厌学问题。为了调动她的积极性，我提议和她用 15 分钟的时间创作一首田园诗。刚开始，她比较抵触，随手写下一句"种下一棵树"，挑衅地看着我说："宋老师，这也是一首诗吗？"

我知道她想激怒我，就没有直接回应，而是微笑着说："这可以是一首很不错的诗的开头，关键看你下面怎么写。你种下这棵树做什么呢？"

"当然是挡太阳了。"她脱口而出。

"那好，你想两个名词，与'挡太阳'有关，如什么样的太阳、什么季节、什么时间……"

她随口说了一串词，我们从中选了两个有诗味的词语"炎日"和"夏午"。

"很好。现在我们又有四个字了，再补一个字就能成一句诗。你能不能想一个动词，把这两个名词联起来？"我继续引导她。

她说用"挡"字。我们读了两遍，感觉音韵上不太和谐。

"要不用'当'吧，算通假字。"她开始主动思考了。

"种下一棵树，炎日当夏午。嗯，很有古体诗韵味，不错！"我鼓励她，继续说："这两句写的是静景，能写一句动景的句子吗？如有动作或有动物的，都行。"

她听后写下了第三句"风吹树叶动"。我说这个"动"字不太好，她想了想把"动"字改成了"飘"，于是就有了"风吹树叶飘"。写到这里，智琳脸上已泛出了笑容，跟我的关系也缓和了不少。

最后一句诗，她想来想去也写不出来，便想借口上厕所好让我替她写。我抓住时机对她提出要求："你是想要一首彻头彻尾属于你的诗，还是想要一首留有遗憾的诗？想一想刚才三句是怎么写出来的？想两个名词，再找一个动词……"

经过一番思索后,她写出了一句相当不错的结尾"清翠满山腰"。于是,一首充满古风韵味的诗就完成了(见图 5-9)。

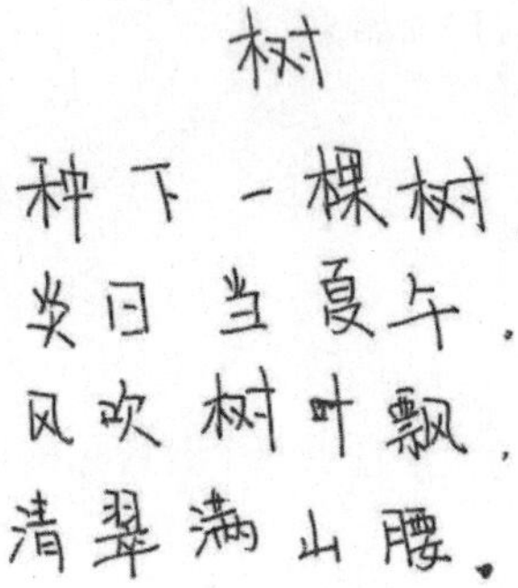

树
种下一棵树,
炎日当夏午,
风吹树叶飘,
清翠满山腰。

图 5-9 智琳的诗

完成这首诗后,智琳眼里都泛出了光。在这一刻,学习不再仅仅是应付考试的苦差事,而成了一种创造新价值、富有意义的体验!

不知你从我和智琳同学的对话中,有没有看出写诗程序的内部结构呢?完整的写诗程序:先让学生想出一个主题,然后围绕主题,依次按照"静、动、人、心"四个层面,想象四个不同的画面,每一个层面、每一个画面对应一句诗。其中,"静"指的是静景,可以写环境、写植物;"动"指的是动景,可以写动作、写动物;"人"指的是与主题、环境有关的人物,像牧童、老翁、农夫等,描写他们在干什么;"心"就是写出自己的感受和体会。"静、动、人、心"每一句诗的具体描写都要基于想象中的画面,将两个符合画面的名词用一个合适的动词连起来就写完了一句诗。要注意,第三、四句诗需要注意押韵问题(见图 5-10)。当然,在这个基础上,增加字数来写七言田园诗也同样可行。写诗是不是很简单?你不妨也试一试!

定制标准化程序有什么好处呢?它能让我们批量处理同类问题,提高学习效率。数学中的巧算方法就是一个典型的例子。

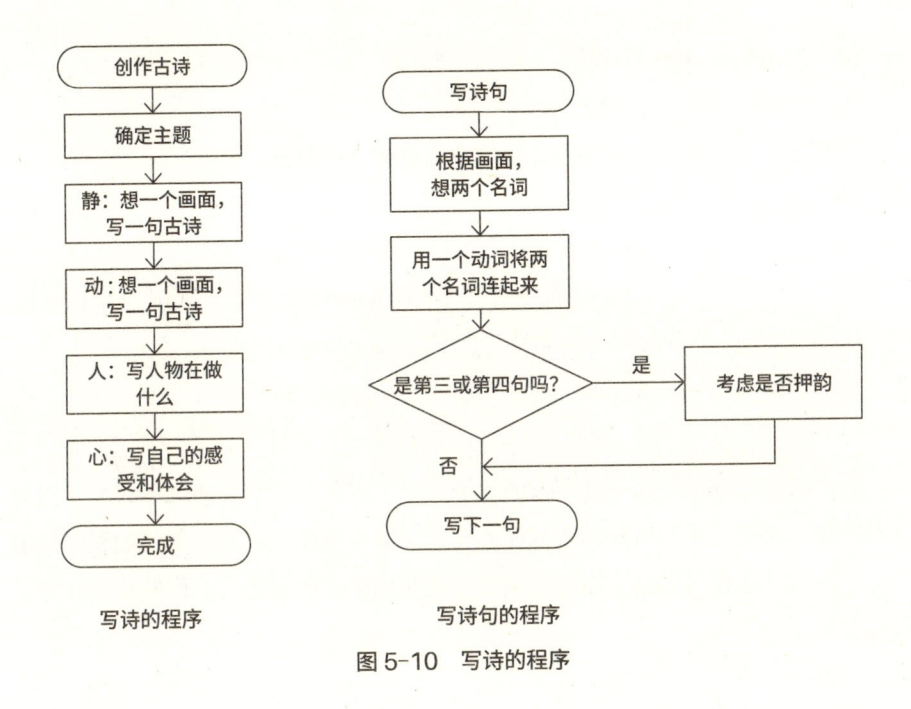

第 5 章　程序定制：学习要高效，你需要更多的解题程序

写诗的程序　　　　　　写诗句的程序

图 5-10　写诗的程序

你能快速完成以下计算吗？

13×17=　　　22×28=

67×63=　　　66×64=

54×56=　　　78×72=

45×45=　　　91×99=

我清楚地记得在小学四年级时，自己每天就盯着老师会不会出这类计算题。只要老师一出这类计算题，我就能在 1 秒内报出答案。老师不明白我为什么能算得如此之快，每每报以惊叹的目光。这极大地激发了我的学习上进心。我是怎么做到的呢？其实是因为一位上大学的表叔教了我一种巧算方法：两位数乘以两位数，且个位数相加得十，十位数相等，计算结果的前两位一定是十位数乘以比十位数大 1 的数，后两位是个位数相乘。例如，66×64=4224，其中千位、百位上

197

的"42"由"6×（6+1）"得出，十位和个位的"24"由"6×4"得出。

知道了这个巧算方法，相信你也能快速算出下列算式的结果：

13×17=221　　　22×28=616
67×63=4221　　 66×64=4224
54×56=3024　　 78×72=5616
45×45=2025　　 91×99=9009

这个巧算方法就是这一类题目的解题程序。在学习过程中，几乎每个学习高手都积累了不少这样的特殊解题程序。当大多数学生还在使用一般解题程序求解时，学习高手会根据题目类型调用大脑中相应的特殊解题程序，解题速度自然要快很多了。

除此以外，优化学习的标准化程序，还能提高解决问题的准确度。我曾经指导一位高三学生优化作文程序，帮助他提高了切题的准确度，解决了他一写作文就跑题的问题。这位学生叫佳伦，当时就读于北京某重点高中。他是一位标准的理科学习高手，四门理科考试成绩基本接近满分，但是语文较差，只能考80分左右（满分150分）。作文分稳定在30分左右。仔细分析他的作文，我发现他竟无意识地自创了一个跑题作文程序。

"佳伦，你知道你为什么一写作文就跑题吗？因为你的作文程序就是个跑题作文程序。"我给他分析道。

"作文程序？老师，我没有用什么作文程序啊。"佳伦不解地说。

我笑笑，说："我说的作文程序不是计算机软件程序，而是你的大脑中写作文的流程步骤。你看，凡是写材料型作文题，你总是先选一个实时热点开篇，然后结合材料摆出你的观点。问题在于，你选的实时热点和题目中给的材料往往貌合神离，和你要表达的观点也难以完全契合。这就导致你的作文一开篇就跑题了。"

实际上，在完成像写作这样的复杂任务时，每个人都会自发形成一套程序。一些人的程序是清晰且完整的，他们对自己的操作步骤和流程也有清晰的认识；另一些人的程序则模糊且粗略，他们对此并无明确意识。完成任务的质量往往与这些程序的优劣紧密相关。佳伦之所以容易跑题，是因为他实际上一直在调用一个错误的写作程序来写高中作文。

后来，我指导他修改了关于作文开篇的写作程序，从原来的"凡是材料型作文题，便以实时热点开篇，再结合材料摆观点"变为"一看到是材料型作文题，第一段就写三句话、四行字：第一句是对材料的概括，第二句解析核心概念，第三句抛出自己的核心观点（见图5-11）"。

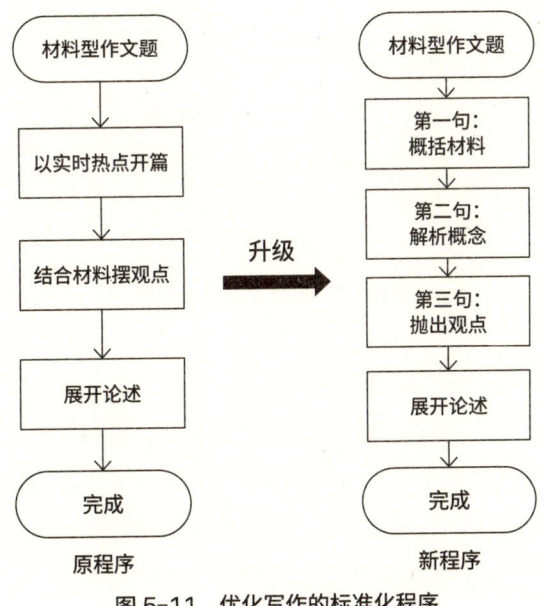

图 5-11 优化写作的标准化程序

优化完写作程序后，佳伦写作文就再也没跑过题了。后来，在高考中，他的高考作文分数提高了近 20 分。

我们讨论的以上内容是标准化程序，下面我们探讨通用性程序。与标准化程序相比，通用性程序具有更广泛的普适性和宏观性，可以在一定范围内作为一种"万能程序"使用。运行中的学习系统本身就是一个正在调用中的通用性程序（见图 5-12）。

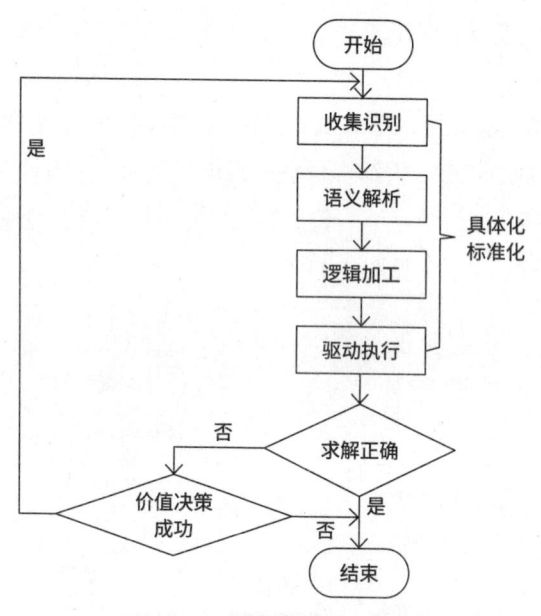

图 5-12　运行中的学习系统

以典型的学习活动——解题为例，每一次都是从收集识别开始，然后经过语义解析、逻辑加工，再到驱动执行。如果求解正确，那么该次解题结束；如果求解不正确，则进入价值决策环节。假若学生顺利通过价值决策的三关，便会开启新一轮的解题，依然从收集识别开始，然后经过语义解析、逻辑加工等步骤。假如学生没有通过三关，价值决策失败，那么他将放弃解题。

此外，我之前在价值决策方法关章节中所介绍的二次解题程序，也是一个通用性程序。

无论你是解数学题还是做语文题，求理科题还是答文科题，只要你遇到第一遍没有解出的题目，都可以调用这个程序进行第二次解题尝试。

为了让学生在应用程序定制中切实提升学习效果，我们研创了全新的错题本——程序本（见 202 页、203 页）。使用程序本整理错题，学生可以通过分析一道题制定一个程序，从而弄通一类题。

使用程序本分析错题时，学生应从收集识别、语义解析、逻辑加工、驱动执行、价值决策、程序定制五个模块依次进行总结和反思。在程序定制模块，学生要总结题型，并使用补丁策略（一看到……就……）完善学习条件反射库，使用三板斧策略（凡是……则……，步骤 1……步骤 2……）修订解题程序，最后运用流程图将新程序呈现出来。204 页、205 页、206 页是一个使用程序本分析题目的完整例子。

这个例子展示了学习系统加工和解决一道题目的完整过程。在程序定制环节，我们不仅可以针对错题所代表的同一类题目做程序定制，还可以进一步升级，将核心概念或知识点涉及的常见问题做程序定制。

当然，在日常学习中，学生仅需针对解题过程中出现问题的模块进行细致总结，并定制相应的程序。再来看一个用程序本分析错题的例子（见 207 页、208 页）。

这是一道高中物理题。某同学由于对平均速度、平均速率的概念理解不到位而导致解题错误，主要在语义解析模块出现了问题。该同学对这一模块进行了分析、总结。由于涉及求平均速度的题型通常并不复杂，所以，此次程序定制仅针对本题进行即可满足要求。

题目

收集识别
指读题目
划出关键

实时校验 ○
看全不看漏
看对不看错

语义解析
解析含义
调出原理

实时校验 ○
转化学科语言
图示清晰

逻辑加工
找到入口
建立通道

实时校验 ○
双向对标已知和所求
建立可行性逻辑通道

驱动执行
执行程序
答题检查

实时校验 ○
增强估算意识

价值决策
自我觉察
思维转化

○ 越是简单的题目，越要小心注意，不能丢分
○ 别着急，这道题我不会，别人也不会
○ 想不出思路，就动笔画、写
○ 一遍不会，没关系——启动二次解题程序
○ 只要按部就班做，就有机会解出来
○ _____

程序定制

语义解析
价值决策
识别驱动 逻辑加工

积极学习系统模型

程序定制

程序定制

第 5 章　程序定制：学习要高效，你需要更多的解题程序

程序定制

程序名称	
题型描述	
补丁 一看到…… 就……	
三板斧 凡是…… 则…… 步骤 1…… 步骤 2……	
流程图	

学习力革命

题目 收集识别 指读题目 划出关键	一辆汽车在 5s 内做匀加速直线运动，初速度为 3m/s，末速度为 10m/s。求汽车的加速度。 **问题**：求汽车的加速度 **已知①**：一辆汽车在 $t=5s$ 内做匀加速直线运动 **已知②**：初速度为 $v_0=3m/s$ **已知③**：末速度为 $v_0=10m/s$	实时校验 ○ 看全不看漏 看对不看错
语义解析 解析含义 调出原理	**正确理解：** ① 匀加速直线运动的特点及性质； ② 初速度、末速度、速度的变化量； ③ 速度、加速度的公式 $a=\dfrac{\Delta v}{\Delta t}$。 过程分析图　$V_0=3m/s$　　$t=5s$　　$v=10m/s$ 　　　　　　　　　　→ 　　　　　　　　　　匀变速直线运动	实时校验 ○ 转化学科语言 图示清晰
逻辑加工 找到入口 建立通道	已知②：初速度为 $v_0=3m/s$ ──→ $\Delta v=v-v_0$ ──→ [Δv] 已知③：末速度为 $v=10m/s$ ──────────────↗　　　　　　$a=\dfrac{\Delta v}{\Delta t}$ → [a] 已知①：$t=5s$ ──→ $\Delta t=t-t_0$ ──→ [Δt] ↗	实时校验 ○ 双向对标已知和所求 建立可行性逻辑通道
驱动执行 执行程序 答题检查	解：汽车做匀加速直线运动，以初速度 3m/s 的方向为正方向 速度的变化量：$\Delta v=v-v_0=10m/s-3m/s=7m/s$ 时间的变化量：$\Delta t=t-t_0=5s-0=5s$ 汽车的加速度为：$a=\dfrac{\Delta v}{\Delta t}=\dfrac{7m/s}{5s}=1.4m/s^2$ 方向为与初速度 3m/s 的方向相同	实时校验 ○ 增强估算意识
价值决策 自我觉察 思维转化	⊘越是简单的题目，越要小心注意，不能丢分 ○别着急，这道题我不会，别人也不会 ○想不出思路，就动笔画、写 ○一遍不会，没关系——启动二次解题程序 ○只要按部就班做，就有机会解出来 ⊘_____	

第 5 章　程序定制：学习要高效，你需要更多的解题程序

程序定制

程序名称	匀变速直线运动中求加速度的程序。
题型描述	已知匀变速直线运动的初速度、末速度、时间，求加速度。
补丁 一看到…… 就……	匀变速直线运动一看到求加速度 a，就马上想到求速度的变化量 Δv； 一想到速度的变化量 Δv，就找初速度 v_0 和末速度 v。
三板斧 凡是…… 则…… 步骤 1： 步骤 2： ……	凡是匀变速直线运动求加速度，则 **步骤 1：** 先找初速度 v_0 和末速度 v，求速度的变化量 Δv； **步骤 2：** 再找时间 t，利用加速度公式 $a=\dfrac{\Delta v}{\Delta t}$，求加速度 a。
流程图	**匀变速直线运动求加速度流程图** 开始 ↓ 已知匀变速直线运动 v_0=3m/s，v=10m/s，t=5s 求 a ↓ $a=\dfrac{\Delta v}{\Delta t}=\dfrac{v-v_0}{t}$ ↓ 是 $a=1.4\text{m/s}^2$ ↓ 结束

匀变速直线运动求加速度升级流程图

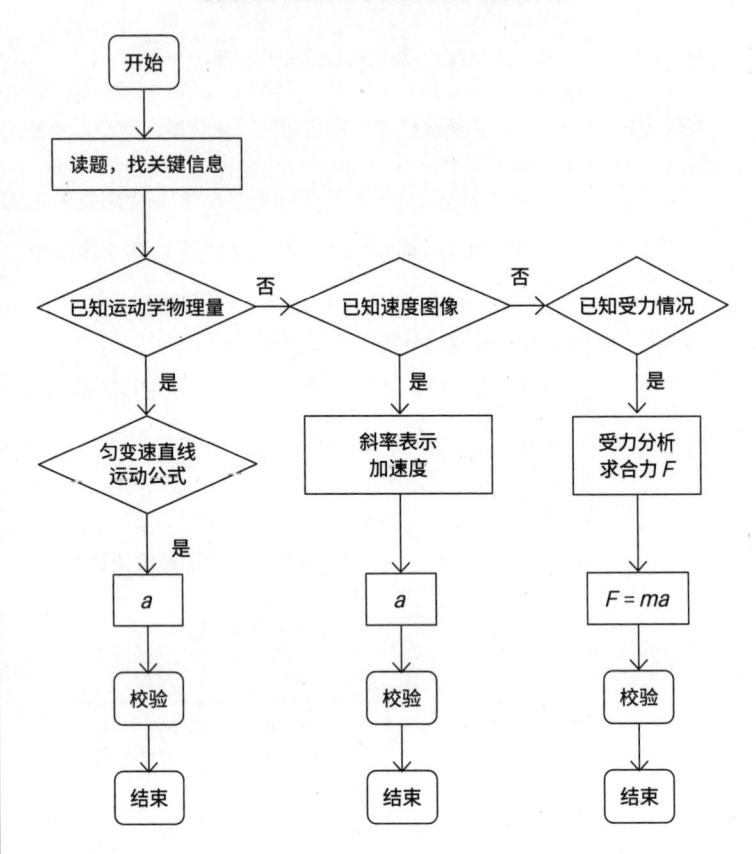

```
开始
  ↓
读题，找关键信息
  ↓
已知运动学物理量 ──否──→ 已知速度图像 ──否──→ 已知受力情况
  │是                      │是                    │是
  ↓                        ↓                      ↓
匀变速直线                斜率表示              受力分析
运动公式                  加速度                求合力 F
  │是                      ↓                      ↓
  ↓                        a                    F = ma
  a                        ↓                      ↓
  ↓                       校验                   校验
 校验                      ↓                      ↓
  ↓                       结束                   结束
 结束
```

注：匀变速直线运动公式为 $v_t = v_0 + at$

$$x = v_0 t + \frac{1}{2}at^2$$

第5章 程序定制：学习要高效，你需要更多的解题程序

题目 收集识别 指读题目 划出关键	（高中物理题）某田径场跑道一圈为400m，某运动员跑一圈用时100s，则该运动员在全过程中的平均速度为④m/s。 $v=\dfrac{s}{t}=\dfrac{400m}{100s}=4m/s$	实时校验 ○ 看全不看漏 看对不看错
语义解析 解析含义 调出原理	**错误的主要原因：** 与平均速率弄混了，对平均速度的理解不到位。 1. 平均速度和平均速率 平均速度指物体的位移与发生这个位移所用时间的比值。 公式 $v=\dfrac{\Delta x}{\Delta t}$。平均速度是矢量，方向就是物体位移的方向。	实时校验 ○ 转化学科语言 图示清晰
逻辑加工 找到入口 建立通道	平均速率指物体通过的路程和所用时间的比值，是标量。 2. 位移和路程 位移表示物体的位置变化，它是从初位置指向末位置的有向线段。 位移是矢量，方向由初位置指向末位置。 路程是物体运动轨迹的长度，是标量。	实时校验 ○ 双向对标已知和所求 建立可行性逻辑通道
驱动执行 执行程序 答题检查	**正确解法：** $v=\dfrac{\Delta x}{\Delta t}=\dfrac{0m}{100s}=0m/s$ 故填0。	实时校验 ○ 增强估算意识
价值决策 自我觉察 思维转化	☑越是简单题目，越要小心注意，不能丢分 ○别着急，这道题我不会，别人也不会 ○想不出思路，就动笔画、写 ○一遍不会，没关系——启动二次解题程序 ○只要按部就班做，就有机会解出来 ○做完题，一定要检验结果是否符合题意。	

程序定制

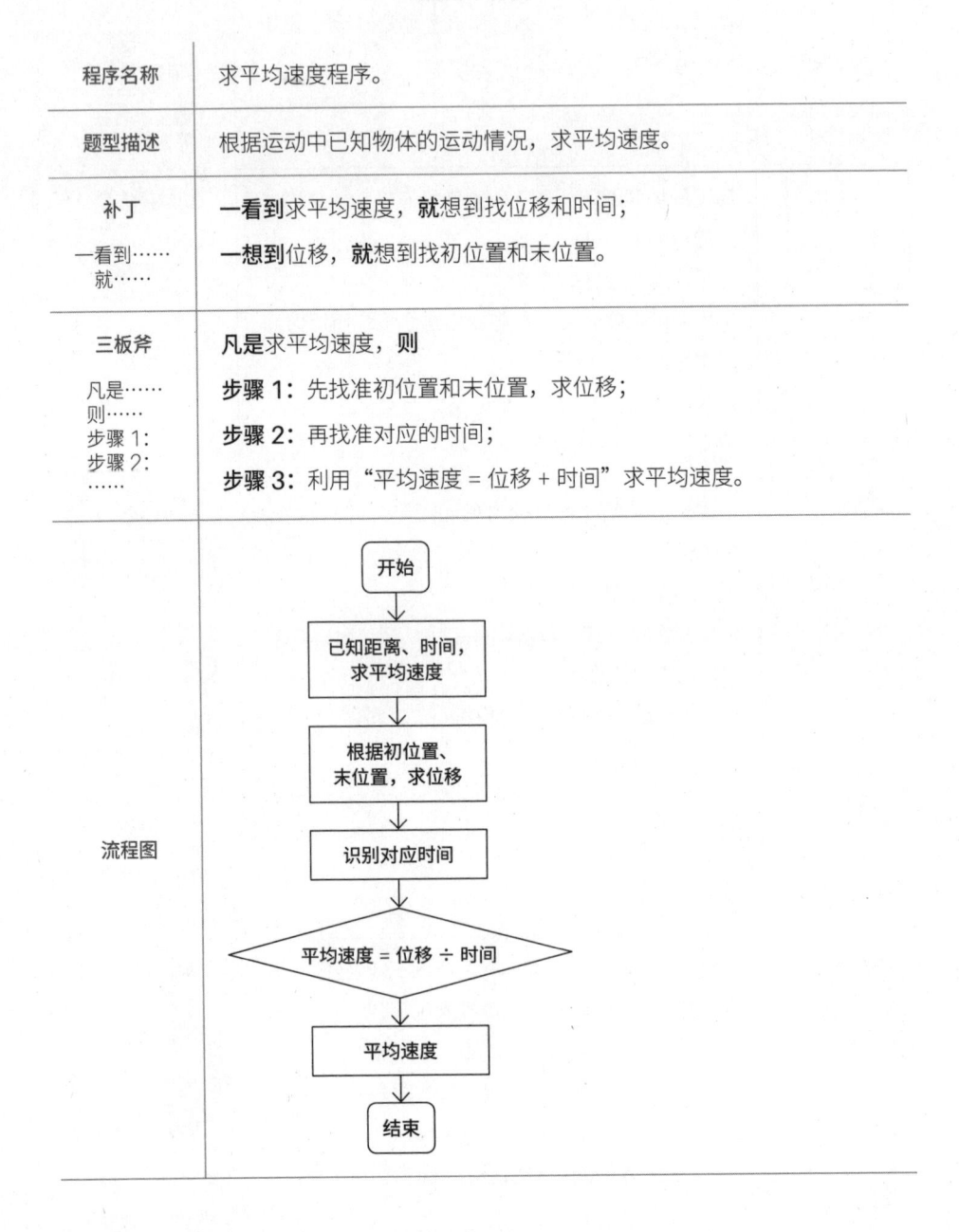

程序名称	求平均速度程序。
题型描述	根据运动中已知物体的运动情况，求平均速度。
补丁 一看到…… 就……	**一看到**求平均速度，**就**想到找位移和时间； **一想到**位移，**就**想到找初位置和末位置。
三板斧 凡是…… 则…… 步骤1： 步骤2： ……	**凡是**求平均速度，**则** **步骤1**：先找准初位置和末位置，求位移； **步骤2**：再找准对应的时间； **步骤3**：利用"平均速度 = 位移 ÷ 时间"求平均速度。
流程图	开始 → 已知距离、时间，求平均速度 → 根据初位置、末位置，求位移 → 识别对应时间 → 平均速度 = 位移 ÷ 时间 → 平均速度 → 结束

用程序定制优化学习系统

上面举的例子都是针对一道题目或同一类型题目所做的程序定制，此外，我们还可以为学习系统的各模块做程序定制，这也是优化升级学习系统。例如，对于下面这道几何题，不同学生的总结反思是不同的（见图 5-13）。

2. 右图中，涂色部分面积相当于整个图形面积的（62.5）%，
   空白部分面积相当于涂色部分面积的（37.5）%；
   空白部分与涂色部分面积的比是（3∶5），比值是（$\frac{3}{5}$）。

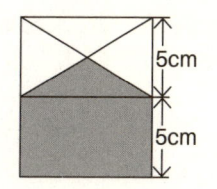

图 5-13 一道几何题

据题意不难推断，学生在第二问出错的原因是把"空白部分面积相当于涂色部分面积"看成了"空白部分面积相当于整个图形面积"，属于收集识别错误。有些同学仅就题目本身出发，要求自己对涉及"××面积相当于××面积"的问题时，要多注意、看清楚。有些学生则会跳出题目本身，进行更深入的思考。他们发现如果题目前后两问的结果是简单的耦合关系，像上面这道题中两个结果相加为 100%（即 1），那可能意味着哪里出错了。这些学生实际上是在自己的识别驱动模块中升级了一个预警程序，即凡前后两个结果是简单耦合关系，要注意检查是否有误。这正是为模块进行程序定制，通过升级一个模块，实际上也提升了整个学习系统。

这两类学生总结错题时的不同做法，正体现了学习高手与多数学生之间的一个重要差异——有没有不断升级自己的学习系统。最初，孩子基本处在同一起跑线上。随着年龄的增长，有的孩子越来越爱学，学习成绩一路上升；有的孩子开始时学习兴趣浓，后来越学越困难，越来越不爱学。根本原因在于他们的学习系统有优有劣。学习系统在为孩子学习各科知识、解决各种问题而服务。孩子在学习过程中，只有通过不断地定制新的程序，升级学习系统，才能让学习变得顺

209

利。反之，若学习系统存在较多漏洞、升级缓慢、运行效率低下，学习效果也会不尽如人意。

如何帮助孩子升级学习系统呢？这是一个较为复杂的问题。本书已分散地介绍了一些方法，如校验和预警是对收集识别的升级，巧算程序优化了驱动执行，建立逻辑通道是对逻辑加工的升级等。若想要了解更系统、全面的内容，可以参考我们的学习治疗课程。

传统观点认为，学习就是学知识。事实上，知识是永远也学不完的。学习系统是人们实现终身学习、高效工作的基础。孩子学习的最终目的不是掌握尽可能多的知识，而是要"训练"出一个高效的学习系统。用 AI 的思维来看，人类的学习其实由三大要素构成。第一要素是知识，大家对它很熟悉，在此不再赘述。第二要素是程序。学习高手，不仅有完善的知识图谱，还有许多高效的学习程序。第三要素是学习系统。在 AI 时代，真正的学习高手必然是那些拥有高效学习系统的孩子，具备高效学习系统的人才能更好地适应未来社会的挑战。

程序定制小妙招

巧用作文程序写出高分作文

读高二时，我为自己定制了一套写作文的标准化程序。这套程序让我无论遇到什么样的题目，都能稳稳地写出高分文。众所周知，每份高考作文的阅卷时间不到 1 分钟。在这么短的时间里，阅卷老师不可能逐字阅读作文。因此，作文结构尤为重要。我从历史、地理和政治三门科目中获得灵感，总结出了三个作文程序，分别是历史时间结构、地理空间结构和政治关系结构。

简单地说，历史时间结构指作文围绕主题，按照时间顺序即过去、现在、未来展开，适合写记叙文或夹叙夹议的议论文；地理空间结构指围绕主题，按照排序、位置关系来写作文，适合写议论文、说明文或记叙文（游记类）；政治关系结构指围绕主题，从不同角度、立场出发，用政治的角度来分析材料、探讨关系，适用于议论文写作。

在后来的教学过程中，我进一步完善了三个作文程序，帮助许多高考考生获得作文高分。其中，一名应用作文程序最好的学生在高考作文中取得了满分的佳绩。

这名学生参加了2014年高考。2014年北京市高考作文题目是《北京的符号》，具体如下：

（2014年北京高考，语文）阅读下面文章：许多城市都有能代表其文化特征并具有传承价值的事物，这些事物可以称为该城市的符号。故宫、四合院是北京的符号；天桥的杂耍、胡同的小贩吆喝是北京的符号；琉璃厂的书画、老舍的作品是北京的符号；王府井商业街、中关村科技园是北京的符号……随着时代的发展，今后还会不断涌现出新的北京符号。保留以往的符号，创造新的符号，是北京人的心愿。

对此，请以"北京的符号"为题，写一篇文章，谈谈你的感受或看法。除诗歌外，文体不限，不少于800字。

很多学生看到这个题目感觉好写又不好写。因为作为在北京生活多年的人，他们能想出很多可以算作北京符号的事物，但在短时间内很难整理出清晰的思路。这名高三学生调用了第一个作文程序——历史时间结构，取得了作文满分的好成绩！我请他与同学们分享经验。他说他看到了材料里的几处关键信息：随着时代的发展、保留以往的符号、创造新的符号，一看到这些他就想到了历史时间结构作文程序。大脑里很快就有了文章结构：北京昨天的符号、今天的符号、明天的符号，于是三个主段落的首句也就出来了：

  金碧辉煌的紫禁城，风光秀美的颐和园是北京昨天的符号……
  日益繁忙的国贸中心，气势恢宏的世纪坛是北京今天的符号……
  拔地而起的鸟巢和即将到来的第 29 届北京奥运会，是北京明天的符号……

我曾跟他强调，使用"过去—今天—明天"的时间结构，不能囿于这个结构，要有所超越，就要在作文最后追求"永恒"。这位同学非常巧妙地从可看可感的实物性符号，升华到人文精神，写出了直击人心的精彩结尾："无论北京昨天的符号还是今天的符号抑或明天的符号，总会看到北京人勤劳、善良、智慧、热忱的影子。从这个意义上讲，北京人所具备的这些人文精神正是北京这座日新月异的国际大都市永恒的符号。"

巧用程序思维破解心理问题

在清华大学就读期间，计算机与人工智能专业的学习给了我一双特别的眼睛，让我常常不自觉地用程序的视角去认识这个世界，去看待身边的人们。当我在咨询中面对来访者的问题时，我也会自然而然地去思考，他们行为背后的程序是什么。我常常用流程图对来访者的行为做程序分析，并据此帮助他们解决内心的冲突，矫正行为上的偏差。在二十多年的咨询生涯中，我发现无论是孩子还是成年人，如果行为出现了问题，如有强迫症或过度焦虑，其背后通常是心理程序出了问题。决定一个人心理程序的规则是他的算法——价值决策。如果我们能够通过干预价值决策改变其心理程序，同时针对行为程序给予一定的调整，相应的行为问题就能比较快地得到解决。

我将上述想法应用在咨询实践中，逐渐摸索出一套程序分析的心理咨询方法。这可以说是在 AI 启发下原创的一种心理咨询方法，更符合当代社会的需求。目前心理咨询界常用的主流方法，如精神分析疗法、认知行为主义疗法、人本主义疗法等，距今已有多则上百年、少则五十多年的历史。在过去的半个多世纪里，随着计算机和信息技术的飞速发展，人们的生活节奏越来越快。虽然传统的心理咨询方法也有效果，但通常耗时较长。例如，用传统的心理咨询方法治疗一个典型的强迫症患者，往往需要耗时 1～2 年的时间。这就与人们快节奏的生活产生了矛盾。心理咨询已在某种程度上跟不上时代的步伐。随着 AI 的兴起，心理咨询也需要从新技术、新思维中汲取营养、改进自身，以更好地适应时代的发展。本书前文已从学习系统的识别驱动、语义解析等四大模块详尽论述了 AI 与人之间千丝万缕的联系。既然我们可以为 AI 改写、升级程序，那么为什么不能为自己改写、升级程序呢？我在咨询实践中发现，采用程序思维进行心理咨询不仅能帮助人们解决学习上的难题，还能更迅速地帮助来访者克服心理障碍和改变行为问题。接下来，我通过三个真实案例来分享我是如何运用程序分析进行心理咨询的。

为关门强迫症设置"跳转指针"

2015 年 3 月的一天，还在上高三的学生舒浩来到我的咨询室。他因为关门强迫症无法正常睡觉，睡眠严重不足，导致白天无法投入复习。眼看高考一天天临近，舒浩和父母都十分焦急。

"能讲一讲，你为什么会不停地去关门吗？"我问道。

"每天晚上睡觉前，我躺下就会问自己'门关了吗？'。其实，我也知道门大概是关了，但是我又忍不住问自己'万一门没关呢？'。一想到这，我就不得不起身去检查门到底关没关。检查完，我回床上躺下。过了几分钟，我又忍不住问自己门有没有关。虽然自己刚才检查过了，但是万一门没关呢？一想到这，我就又控制不住地起身去检查门。就这样，一遍遍地检查，直到困得实在受不了了，我才能睡着。每天基本睡不了几个小时,我就该起床上学了。"舒浩很无奈地说。

"万一门没关呢?",这真是个要命的问题。经过深入交流,我意识到舒浩的安全感较弱,防范意识非常强。他平时喜欢观看法制类节目,经常看入室抢劫、谋财害命这样的情节,加之近期高考压力增大,导致他患上了关门强迫症。在心理咨询中,强迫症属于较难解决的一类问题。传统的咨询方法通常采用心理暗示,让来访者通过持续反思逐渐改变。这通常要花费很长时间,少则 6 个月,多则 1~2 年。舒浩马上就要高考了,显然他根本等不起。

如果我们用流程图来分析舒浩的关门行为(见图 5-14),那么我们会发现它就像一类计算机程序中的死循环。

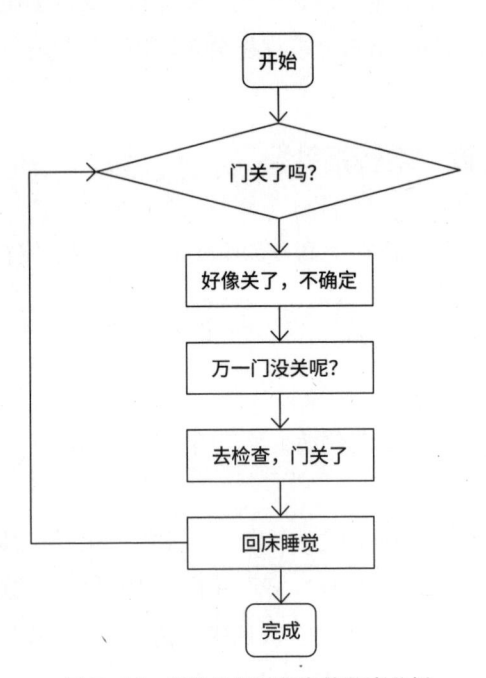

图 5-14 舒浩的关门行为的程序分析

第 5 章 程序定制：学习要高效，你需要更多的解题程序

在舒浩的关门行为程序中，当执行到"万一门没关呢"时，他就自动回到"去检查"这一步。他无法跳出这个程序，因此就会不停地检查门是否关了。我们在给计算机编程时，有时也会遇到死循环问题，这时可以通过设置"跳转指针"来打破死循环。当满足"跳转指针"所设置的变量时，程序就会跳出循环并结束。

于是，我开始考虑如何为舒浩的关门行为程序设置一个"跳转指针"。在沟通中，我了解到舒浩对"赌神""赌圣"系列电影特别感兴趣，于是我跟他说："你知道赌场为什么是稳赚不赔的生意吗？因为赌场计算过了，他们比赌客赢的概率高了2%。既然你喜欢赌神电影，那你就得了解概率，不要去做概率很低或概率为0的事情。"

他听后信服地点点头。然后，我就借着这个话题，从概率的角度与他探讨关门问题。我说："你总是担心万一门没关，想没想过这个'万一'什么时候会被打破呢？"

他摇摇头。

我接着问："我们估算一下，你检查一次门，门没关的概率大概是原来的十分之一，能同意吗？"

"嗯，可以。"因为前面铺垫了概率知识，我和舒浩很快就达成了共识。

"好，你检查一次门没关的概率是十分之一，再检查一次就变成百分之一，第三次检查是千分之一，第四次检查就到达了你所担心的万分之一了。其实，你检查到第五次就可以踏实睡觉了，因为已经到了十万分之一了。"说到这，我顿了顿，然后给他埋下"跳转指针"："不过，如果你还不踏实，可以再检查两次。第七次检查完，你就真的不用再去检查了，因为你可以直接去买彩票了，肯定是

买啥都能中，已经到了千万分之一的概率了。"

"是啊，我以前怎么没想到呢？"听完我的一番话，舒浩若有所思地点点头。

咨询结束后，我特别嘱咐舒浩妈妈给他准备一个小黑板，让他每检查一次门就在黑板上画 1 道记号。当天晚上，舒浩在黑板上画了 7 道记号就睡下了。第二天，舒浩妈妈给我打电话报来喜讯。"宋老师，您的咨询真是太有效了。昨天晚上他只检查了 7 次就睡下了。我问他为什么是 7 次。他跟我说宋老师说了这是千万分之一的概率，如果我再不相信门已经关上了，我都可以去买彩票了。"

我仅用了三次咨询就解决了舒浩的关门强迫症。我用流程图分析舒浩的强迫关门行为，清楚地识别出了驱动他行为程序的核心算法。对于舒浩来说，"万一门没关呢"是他判断是否需要再次检查的标准，也是导致他不断强迫检查的算法。我运用概率知识来调整他的算法，将他所担心的"万一"进行了精确化。我给他设置了新的算法，即通过概率精确地算出每次检查后门没关的可能性，从而判断还有没有继续检查的必要。其中，我又在这个算法中设计了一个小标准：检查达到 7 次的概率已达到千万分之一，买什么彩票都能中。这就给他的行为程序设置了"跳转指针"，检查到达 7 次后，他就能够不再为门有没有关而担心了。这样一来，他的关门行为程序被改写成了下面这样（见图 5-15）。

在做案例总结时，我发现其实可以把"跳转指针"设得再早一些，如检查 6 次以后达到了买啥彩票都会中的概率，这样他就可以少检查一次了。其实，无论是 6 次还是 7 次都是有效的，因为他的关门行为程序背后的算法已经被我改写了。坦白地说，在成功解决这个案例后，我感到非常兴奋。我意识到，无论是学习治疗还是心理咨询，都可以用 AI 思维开启一个全新的时代。

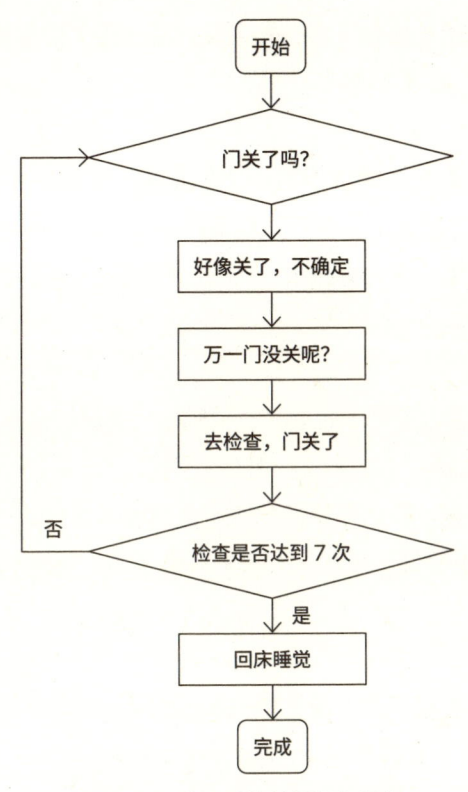

第5章 程序定制：学习要高效，你需要更多的解题程序

图 5-15 改写后的关门行为程序

改写焦虑妈妈的"鸡娃"程序

2018年11月下旬，我接手了一个高三厌学的个案。这个孩子名叫程程，原本学习还挺努力，但在高三上学期过半时，他开始"躺平摆烂"。我给程程做了一次咨询之后，发现应该先给他的妈妈做"治疗"。程程告诉我，他不是不想学，只是感到绝望了，因为他觉得无论怎样努力都无法达到母亲的期望。程程妈妈的期望是什么呢？她希望程程能和她的哥哥、姐姐家的孩子一样考上清华大学或北京大学。为了实现这个目标，程程妈妈从他小学时就开始为他安排补习，后来程程上了中学，她更是把程程的所有课余时间都安排得满满当当。

"听程程说，您给他安排了很多补习班，还规定了做卷子的数量。您评估过这样做的效果吗？"我好奇地问。

"效果的确不太理想。我这不也是没办法嘛！他目前的考试成绩上一所211学校都悬，更别说上清北了。我不给他安排补习又能怎么办呢？"程程妈妈看上去很憔悴，大概是由于经常愁眉不展的缘故吧，眉宇间留下了几道很深的皱纹。

"程程能否考上清北对您来说非常重要吗？"我继续提问。

"是啊，我哥哥家、我姐姐家的孩子一个在清华大学、一个在北京大学，就数我们家的程程最不争气。每次一大家子人聚会都让我抬不起头来。"程程妈妈无奈地说。

"如果哥哥、姐姐家的孩子考上的是普通大学，您是不是觉得程程考上一所普通大学也可以呢？"我接着问。

程程妈妈先是愣了一下，然后想了想说："可能吧，谁让家里有两个"学霸"呢！相比之下，程程实在是太差了。"

不难理解，程程妈妈之所以给程程额外安排了很多功课，是因为她在和哥哥、姐姐一次又一次的攀比中，积压了很多焦虑情绪。她并不是真的在考虑如何在学业上帮程程一把，而是通过"鸡娃"来缓解自己的攀比焦虑。如果用流程图来描绘她的行为，我们会看到一个和之前案例一样的死循环（见图5-16）。

程程妈妈每次看到孩子的成绩，都会不自觉地和哥哥、姐姐的孩子做比较，如果这个比较结果是"水平相当"，那么她会很开心、很安心，随后也就不会有"鸡娃"行为。实际情况却是，每次比较后，她总是得到否定的答案，

第5章 程序定制：学习要高效，你需要更多的解题程序

这导致她焦虑不安。为了缓解焦虑，她给孩子安排了很多课外补习和习题。然而，这种不科学的教育方式，让程程感到疲惫不堪，渐渐生出厌学情绪，成绩自然没有起色。当程程妈妈看到糟糕的成绩后，又会陷入攀比的恶性循环。她跳不出这个行为死循环，就摆脱不了焦虑情绪，对孩子学习的影响也是负面大于正面。

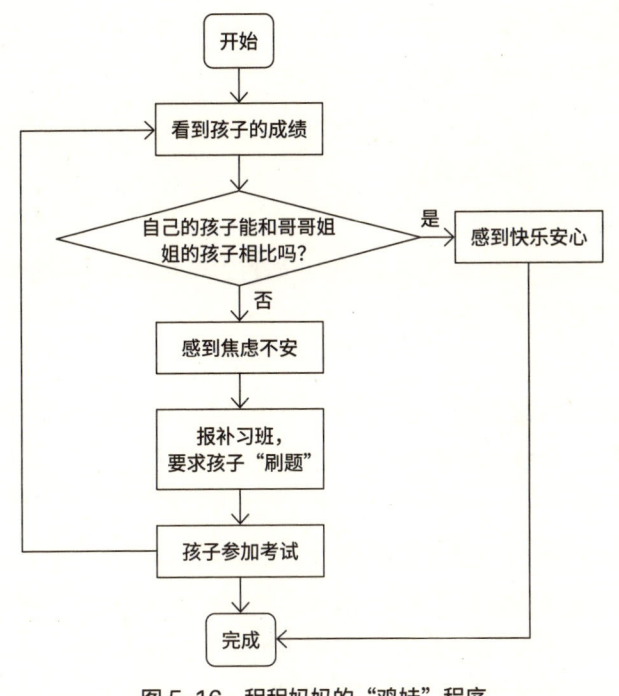

图 5-16 程程妈妈的"鸡娃"程序

造成这个行为死循环的关键，在于程程妈妈总是拿自己的孩子和哥哥姐姐的孩子做比较。这一行为背后的算法其实是一种价值标准，即相信"学习成绩决定未来人生"。所以，要想帮助她跳出行为死循环、摆脱教育焦虑，我需要先帮她改写这一算法。

"我们在考虑孩子读什么大学好时，其实关注的是他未来人生的走向，对不

对？让我们用'长焦透镜'来看一看，一个人大学毕业十年、二十年后的状况和他所读大学有什么关系。"

"长焦透镜"是我原创的一个工具，用来引导来访者用长远眼光来看待当下的问题。

我接着说："考上清华大学或北京大学这样的 985 名校，就意味着孩子的前途一定会超过那些没有考上名校的孩子吗？"

"这也不绝对。"程程妈妈说。

"没错，社会上有很多学历并不高但也取得大成就的人。远的咱就不多说了，就给您说说我自己吧。"

为了帮助程程妈妈更客观地看待学习成绩和人生的关系，我运用了心理咨询的自我暴露技巧，向她分享了我和我的两个亲人的故事。

"您看，我的哥哥考的大学比我的大学差远了，但是他现在的收入远远超过我，所以说学习成绩决定不了收入。再说说我的表弟，他只上了大专学校，但是他的婚姻生活非常幸福，这说明学习成绩也决定不了婚姻。收入和婚姻可以说是关乎个人是否幸福的两个核心，学习成绩却哪个都决定不了，也无法决定孩子未来过得好不好、幸福不幸福。"

我的一番话改变了程程妈妈对学习成绩的固有看法。我能看出来她明显轻松了许多。接下来，我又和她探讨了每个人都有独特天赋、特长的观点，探讨了如何做才能真正帮助孩子提升学习成绩。由于前面的算法改写得成功，后面的交流非常顺畅。很快，程程妈妈的行为程序就被成功升级了（见图 5-17）。

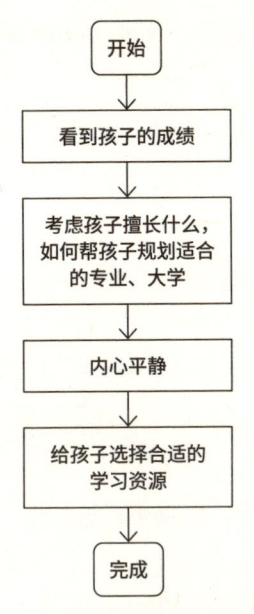

```
        ┌──────┐
        │ 开始 │
        └───┬──┘
            ↓
     ┌────────────┐
     │看到孩子的成绩│
     └─────┬──────┘
           ↓
    ┌──────────────┐
    │考虑孩子擅长什么,│
    │如何帮孩子规划适合│
    │  的专业、大学  │
    └──────┬───────┘
           ↓
      ┌────────┐
      │ 内心平静 │
      └────┬───┘
           ↓
    ┌──────────────┐
    │给孩子选择合适的│
    │  学习资源    │
    └──────┬───────┘
           ↓
        ┌──────┐
        │ 完成 │
        └──────┘
```

图 5-17　改写后的教育程序

程程妈妈不再焦虑，程程的学习情绪也随之改善。后来，我和程程一起制订了一个切实可行的高考计划，并通过弥补薄弱环节来升级他的学习系统。最终，程程高考超水平发挥，考上了一所 985 大学。

为英语学习设置动力程序

我已分享了如何利用程序思维快速解决孩子和家长的纯心理问题案例，下面分享一个解决与学习密切相关的心理问题——厌学的案例。阳阳是一名初一学生，他的父母非常重视他的学习，所以他的厌学首先表现在与父母的对抗上。从六年级开始，阳阳常常故意在父母面前表现出很差的一面，如学习敷衍了事、考试不及格、平时生活邋邋遢遢等。我通过教他写诗、教他拼凑猜蒙的方法等，逐渐帮助他改善价值决策。几次咨询后，他已经开始愿意在父母面前表现良好的一面了，比如他会主动把自己创作的小诗拿给父母看。不过，具体到学科学习上，他还存在一些问题。在一次咨询中，他请我帮助他改善英语学习。

我问他："你觉得自己在英语学习中遇到了什么问题？或者说你现在的英语学习状态如何？"

"一拿起英语书，我就看不下去。"他说。

这显然是英语学习的价值决策出了问题。因为我在此之前给他介绍过学习系统的相关知识，所以我请他按照价值决策的三关来分析自己。

"来，咱们先来说说情绪关，想想你拿起英语书后有什么情绪？"

他皱着小眉头，一时说不出来。我继续引导："是烦躁吗？"

"不是。"

"是畏难吗？"

"不是。"

"是感到无聊吗？"

"也不是。"

我提示了几个情绪词语，他都说不是。最后，我问他："是无可奈何吗？"

"是了是了，就是这种感觉，无——可——奈——何。"他拖着长声说出这个词，又叹了一口气。阳阳明白英语的重要性，也知道自己应该努力学习英语，但就是学不进去，所以感到无可奈何。这是厌学学生常有的一种情绪状态。

显然，被这样的情绪所包围，阳阳是学不好英语的。随后，我让他试着画出英语学习程序流程图。经过我的指导，他画出了如图 5-18 所示的英语学习程序流程图。

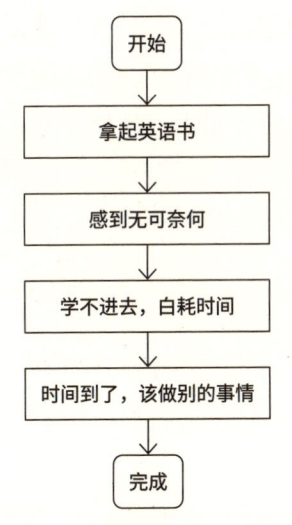

```
开始
  ↓
拿起英语书
  ↓
感到无可奈何
  ↓
学不进去，白耗时间
  ↓
时间到了，该做别的事情
  ↓
完成
```

图 5-18　阳阳的英语学习程序

"你看，你学不进去英语实际上是卡在了情绪关，对吧？我们先得改变这种无可奈何的情绪。"我引导他。

"怎么改变？我就是感觉无可奈何。我也想喜欢英语，但是英语太不招人喜欢了。"阳阳耸耸肩说。

我知道阳阳很喜欢钱，他的梦想是成为一个投资人，通过股权投资赚取大量的财富。

于是，我就沿着他已有的价值取向，针对英语学习给他设计了一个新的算法。我启发他："你知道吗？每个人一生下来就会获得一笔天使投资。谁能有效地使用这笔投资，谁就有机会赚到大钱。"

他瞬间来了精神，睁着两只圆圆的眼睛看着我。

我继续说："这个天使投资就是时间。我们做每一件事都是在消耗这笔天使投资，你想想是不是？所以，我们得考虑做事的投资回报率。例如，你该学习英语了，不学不行，必须得花这个时间。我们就得让这个时间花得值。按投资回报率，你花在英语上的每一分钟能给你带来什么？我们学习一分钟就要得着一分钟的价值，如怎么通过背诵一堆词学到一个词团，怎么通过阅读一段英文掌握一种句式……"

阳阳很认同我的观点，同意以后每次在学习英语之前都要想一想：这次英语学习要收获点什么。所以，阳阳的英语学习程序就这样被我被修改了（见图 5-19）。

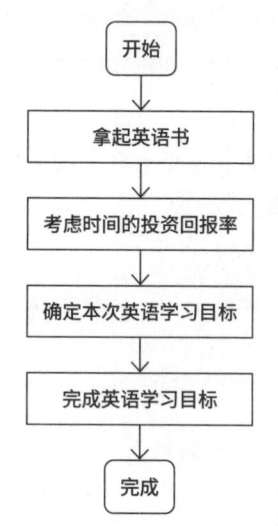

```
开始
  ↓
拿起英语书
  ↓
考虑时间的投资回报率
  ↓
确定本次英语学习目标
  ↓
完成英语学习目标
  ↓
完成
```

图 5-19　改写后的英语学习程序

行为程序调整的背后是算法的改变。改变了学习算法,阳阳学起英语来更有动力了,英语成绩自然也有了明显提升。英语成绩的提升又进一步增强了他学习英语的动力。这样,阳阳的英语学习就进入了良性循环状态。

后来,在一次面向家长的公益直播中,我邀请阳阳来分享他改变英语学习态度的过程。他讲得真实、具体,有感受、有方法,直播间里不少家长给他点赞,还表示要把这段回放给自家的孩子看。

———————————— 本章回顾

要点

程序是我们与生俱来的一种天性。每个人的一生都是一个不断调用、生成和改写程序的过程。通过定制程序、优化程序，我们可以有效为生活、学习提速。高手的秘诀并不是天赋异禀，也不是掌握了独门秘籍，而是他们拥有比普通人更多、更高效的程序。

方法

- 在解决孩子的学习行为问题时，我们可以通过程序流程图来拆解问题行为，找到问题点并有针对性地解决。
- 在总结错题时，学生可以使用两个策略来定制程序：（1）补丁策略："一看到……就……"；（2）三板斧策略："凡是……则……，步骤1……步骤2……"。
- 优化学习系统就是为学习系统的各模块定制新的程序。

拓展阅读

Reshape Your Learning System

小小程序，预防游戏沉迷

当前，游戏沉迷是青少年群体中一个值得关注的行为问题。有的孩子虽然向家长承诺了玩游戏时间，但是一进入游戏的世界就不想出来，这让家长非常头疼；有的孩子会在家长睡觉后，半夜偷偷爬起来玩游戏，作息时间黑白颠倒，严重影响学习；有的孩子甚至为了玩游戏，与家长争夺手机。我们该如何预防孩子沉迷游戏呢？实际上，家长如果在孩子玩游戏之初有意识地引导他设定一个健康的玩游戏程序，就可以在一定程度上预防游戏沉迷。具体过程如下。

首先，请孩子回忆自己玩游戏的过程，并画出玩游戏程序流程图。为了得到一个真实且方便升级的初级版玩游戏程序，我们不对具体游戏做限制，也不要求孩子对具体环节做详细的描述。通常情况下，我们可能会得到一个类似这样的流程图（见图 5-20）。

从图 5-20 中，我们发现既没有允许玩游戏的前置条件，也没有停止玩游戏的终止条件，基本是一个失控的状态。

接下来，我们可以和孩子进行以下讨论，重新定制玩游戏程序。

```
          ┌──────────┐
          │ 想玩游戏  │
          └────┬─────┘
               │
          ┌────▼─────┐
          │ 打开手机  │
          └────┬─────┘
               │
       ╱◇─────────────◇╲
      ╱ 手机上是否有想玩  ╲        否    ┌──────────┐
      ╲ 的游戏软件？      ╱─────────────▶│ 下载安装  │
       ╲◇─────────────◇╱              └────┬─────┘
               │ 是                         │
               │◀───────────────────────────┘
          ┌────▼──────────┐
          │ 打开手机上的   │
          │ 游戏软件       │
          └────┬──────────┘
               │
          ┌────▼─────┐◀──────┐
          │ 玩游戏    │       │
          └────┬─────┘       │
               │             │ 是
       ╱◇─────────────◇╲     │
      ╱ 还想玩吗？        ╲───┘
       ╲◇─────────────◇╱
               │ 否
          ┌────▼─────┐
          │ 退出游戏  │
          └──────────┘
```

图 5-20　初级版玩游戏程序

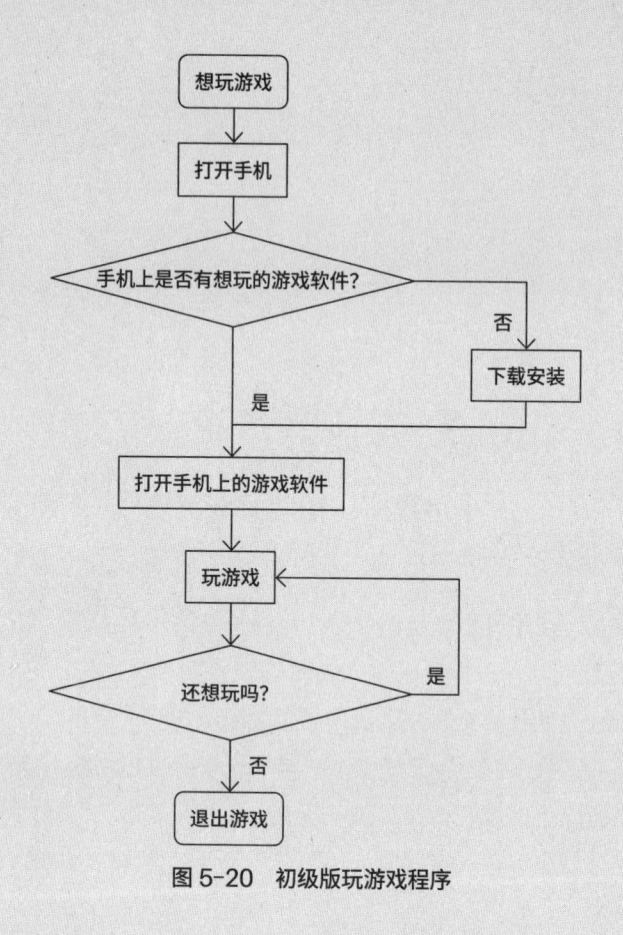

① 什么时候开始玩游戏。我们帮助孩子梳理他通常在何种情况下开始玩游戏。孩子可能会回答"当感到无聊时""家长不在家时""可以拿到手机时"。

② 如何终止游戏。孩子可能较少考虑这个话题。他们可能会说"一直玩到家长回来""直到家长开始催促、收手机为止"。这说明终止游戏对孩子来说是一个不可控的状态。

③ 如何控制自己仅在约定范围内玩游戏。我们需要与孩子讨论，如何将原本不可控的游戏行为转变为可控状态。例如，从开始环节入手，请孩子思考触发

第 5 章　程序定制：学习要高效，你需要更多的解题程序

条件是否合理，是否应该先考虑作业的完成情况，是否应该向家长发起游戏请求、待家长允许后再玩游戏等；在终止环节，提前设置好终止条件，如设定游戏时间或游戏局数，并告诉自己"能提前结束游戏的人都是英雄"。

最后，我们就和孩子设定了升级版的玩游戏程序。图 5-21 所示的是我与一位学生讨论后设计的升级版玩游戏程序流程图，供大家参考。

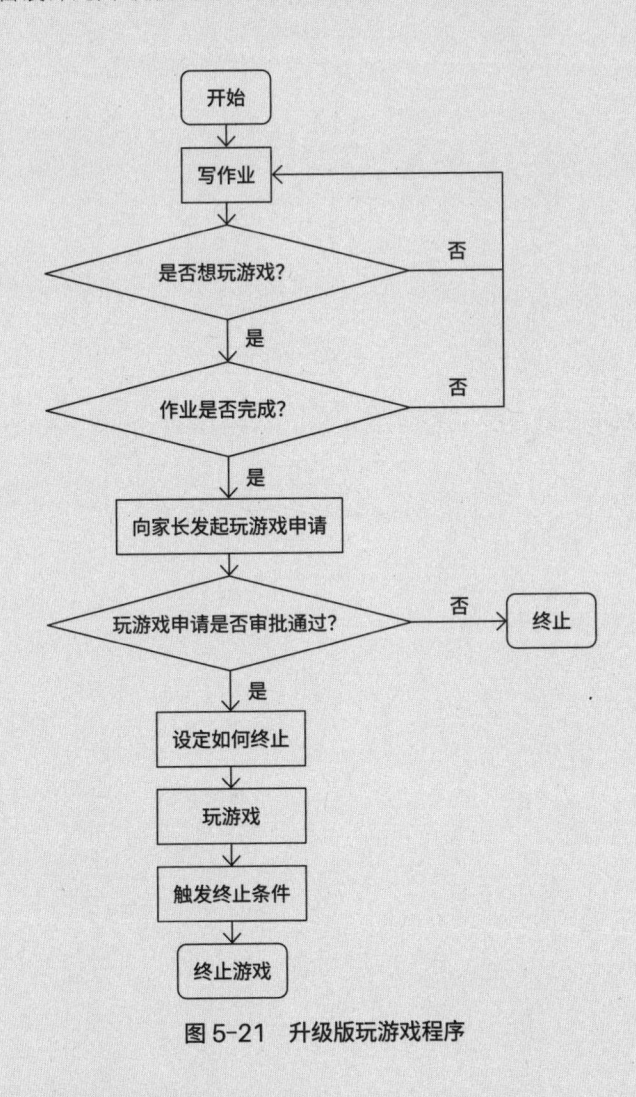

```
                    ┌──────┐
                    │ 开始 │
                    └───┬──┘
                        ↓
                    ┌──────┐
              ┌────→│ 写作业 │
              │     └───┬──┘
              │         ↓
              │    ◇是否想玩游戏?◇──否──┐
              │         │              │
              │         是             │
              │         ↓              │
              │    ◇作业是否完成?◇──否─┤
              │         │              │
              │         是             │
              │         ↓              │
              │  ┌──────────────┐      │
              │  │向家长发起玩游戏申请│      │
              │  └──────┬───────┘      │
              │         ↓              │
              │ ◇玩游戏申请是否审批通过?◇─否→┌────┐
              │         │                  │终止│
              │         是                 └────┘
              │         ↓
              │   ┌──────────┐
              │   │ 设定如何终止 │
              │   └─────┬────┘
              │         ↓
              │    ┌────────┐
              │    │ 玩游戏 │
              │    └────┬───┘
              │         ↓
              │   ┌──────────┐
              │   │ 触发终止条件 │
              │   └─────┬────┘
              │         ↓
              │    ┌────────┐
              └────│ 终止游戏 │
                   └────────┘
```

图 5-21　升级版玩游戏程序

229

后 记

从 2016 年 AlphaGo 击败人类顶尖棋手，到 2023 年 ChatGPT 风靡全球，我们迎来了一个 AI 飞速发展的时代。AI 带给我们的不仅是技术的革命，更是思维的革命。AI 思维对我的影响可以追溯到 20 世纪 90 年代初，那时的我已开始不自觉地应用 AI 思维分析学习问题、指导学生学习。此后的二十多年里，我一面坚持 AI 的思维方式，一面将认知心理学融入我的学习研究和教学实践。在大量实验研究和教学实践的基础上，我与团队于 2019 年正式提出了具有鲜明 AI 特色的学习理论——积极学习系统模型。

本书便是从 AI 与认知心理学双重视角出发，对积极学习系统模型的全面阐述，也是对我过去二十多年研究的一个总结。在写作过程中，恰逢各类 AIGC 模型如雨后春笋般迅猛发展，AI 的影响已深入社会各个领域。我深深感到无论是传统的教育模式，还是心理学领域的学习科学研究，都走到了历史的"十"字路口，亟须更新迭代、有所突破。本书正是在这样的背景下创作而成。我希望借助此书在心理学领域做出一些中国人自己的探索和贡献，期待能将 AI 思维引入到中小学教育教学中，给基础教育带来新的视野和天地。

本书的顺利完成离不开恩师、同事和亲友的支持与帮助。本书以积极学习系统模型为纲展开，首先要感谢曾与我并肩从事理论研究的团队成员：毛春凤、常晓敏、叶巧玲。当然，我还要特别感谢在研究与教学上给我启发和帮助的师长好友：前清华大学社会科学学院院长彭凯平老师、上海交通大学心理学院院长傅小兰老师、中国人民大学教育学院博士生导师俞国良老师、清华大学心理与认知科学系副主任张丹老师。没有他们的见解和建议，这本书无法达到这样的深度和广度。在本书写作过程中，刘琨、周宓做了不少工作，特此感谢。此外，我还要特别感谢我的家人，他们的默默支持和鼓励是我完成这本书最大的动力。在我长时间埋头于研究和写作时，家人的理解和付出成为我继续前进的力量。他们的爱和耐心让我在追求学术梦想的道路上不再孤单。

亲爱的读者朋友，希望本书能够为您理解教育和学习打开全新的视野。书中的理念和策略不仅适用于学校环境，也适用于家庭教育和个人自我提升。我期待您在阅读本书时，不仅能够获得理论上的知识，更能够在实践中找到切实可行的方法，以应对教育和学习过程中的挑战。

最后，我希望这本书不仅是知识的传递，更是思想的交流。我衷心期待读者朋友能够与我分享您的想法和建议，让我们一起在这个日新月异的时代里，探索和塑造更加美好的教育未来！

未来，属于终身学习者

我们正在亲历前所未有的变革——互联网改变了信息传递的方式，指数级技术快速发展并颠覆商业世界，人工智能正在侵占越来越多的人类领地。

面对这些变化，我们需要问自己：未来需要什么样的人才？

答案是，成为终身学习者。终身学习意味着永不停歇地追求全面的知识结构、强大的逻辑思考能力和敏锐的感知力。这是一种能够在不断变化中随时重建、更新认知体系的能力。阅读，无疑是帮助我们提高这种能力的最佳途径。

在充满不确定性的时代，答案并不总是简单地出现在书本之中。"读万卷书"不仅要亲自阅读、广泛阅读，也需要我们深入探索好书的内部世界，让知识不再局限于书本之中。

湛庐阅读 App: 与最聪明的人共同进化

我们现在推出全新的湛庐阅读 App，它将成为您在书本之外，践行终身学习的场所。

- 不用考虑"读什么"。这里汇集了湛庐所有纸质书、电子书、有声书和各种阅读服务。
- 可以学习"怎么读"。我们提供包括课程、精读班和讲书在内的全方位阅读解决方案。
- 谁来领读？您能最先了解到作者、译者、专家等大咖的前沿洞见，他们是高质量思想的源泉。
- 与谁共读？您将加入优秀的读者和终身学习者的行列，他们对阅读和学习具有持久的热情和源源不断的动力。

在湛庐阅读 App 首页，编辑为您精选了经典书目和优质音视频内容，每天早、中、晚更新，满足您不间断的阅读需求。

【特别专题】【主题书单】【人物特写】等原创专栏，提供专业、深度的解读和选书参考，回应社会议题，是您了解湛庐近千位重要作者思想的独家渠道。

在每本图书的详情页，您将通过深度导读栏目【专家视点】【深度访谈】和【书评】读懂、读透一本好书。

通过这个不设限的学习平台，您在任何时间、任何地点都能获得有价值的思想，并通过阅读实现终身学习。我们邀您共建一个与最聪明的人共同进化的社区，使其成为先进思想交汇的聚集地，这正是我们的使命和价值所在。

CHEERS

湛庐阅读 App
使用指南

读什么
- 纸质书
- 电子书
- 有声书

怎么读
- 课程
- 精读班
- 讲书
- 测一测
- 参考文献
- 图片资料

与谁共读
- 主题书单
- 特别专题
- 人物特写
- 日更专栏
- 编辑推荐

谁来领读
- 专家视点
- 深度访谈
- 书评
- 精彩视频

HERE COMES EVERYBODY

下载湛庐阅读 App
一站获取阅读服务

版权所有，侵权必究
本书法律顾问　北京市盈科律师事务所　崔爽律师

图书在版编目（CIP）数据

学习力革命 / 宋少卫著. -- 杭州：浙江科学技术出版社, 2025. 2. -- ISBN 978-7-5739-1703-4

Ⅰ. G791

中国国家版本馆 CIP 数据核字第 2025MA5948 号

书　　名	学习力革命
著　　者	宋少卫
出版发行	浙江科学技术出版社
	地址：杭州市环城北路 177 号　邮政编码：310006
	办公室电话：0571-85176593
	销售部电话：0571-85062597
	E-mail:zkpress@zkpress.com
印　　刷	天津中印联印务有限公司
开　　本	710mm×965mm　1/16	印　　张	15.75
字　　数	247 千字		
版　　次	2025 年 2 月第 1 版	印　　次	2025 年 2 月第 1 次印刷
书　　号	ISBN 978-7-5739-1703-4	定　　价	79.90 元

责任编辑　陈　岚　　　　责任美编　金　晖
责任校对　张　宁　　　　责任印务　吕　琰